Arbeitsheft
Handlungsfeld Deutsch
für die berufliche Oberstufe

Konrad Notzon (Hrsg.)

von
Dr. Wolfgang Bick
Inga Brinkmann
Bernhard Möhlenkamp
Konrad Notzon
Monika Ratermann-Böhmer
Dr. Wilhelm Trampe

Handwerk und Technik • Hamburg

Bildquellenverzeichnis
- dpa-Picture-Alliance GmbH, Frankfurt a.M.: S. 41
- Fotolia Deutschland, Berlin, © www.fotolia.de: S. 54 (Photographee.eu)
- mpfs c/o Landesanstalt für Kommunikation Baden-Württemberg (LFK), Stuttgart: S. 36; 38
- TNS Deutschland GmbH, Hamburg: S. 15/2
- Wolters-Design, Braunschweig: S. 12; 22; 49; 74

ISBN 978-3-582-**01465**-8

Das Werk und seine Teile sind urheberrechtlich geschützt. Jede Nutzung in anderen als den gesetzlich oder durch bundesweite Vereinbarungen zugelassenen Fällen bedarf der vorherigen schriftlichen Einwilligung des Verlages. Die Verweise auf Internetadressen und -dateien beziehen sich auf deren Zustand und Inhalt zum Zeitpunkt der Drucklegung des Werks. Der Verlag übernimmt keinerlei Gewähr und Haftung für deren Aktualität oder Inhalt noch für den Inhalt von mit ihnen verlinkten weiteren Internetseiten.

Verlag Handwerk und Technik GmbH, Lademannbogen 135, 22339 Hamburg; Postfach 63 05 00, 22331 Hamburg – 2015
E-Mail: info@handwerk-technik.de – Internet: www.handwerk-technik.de

Redaktion: Michael Banse, 04103 Leipzig
Layout und Satz: Typo Concept GmbH, 30179 Hannover
Umschlagmotiv: Fotolia Deutschland, Berlin, © www.fotolia.de, Dreaming Andy (1), Christian Schwier (2), ra2 Studio (3), Robert Kneschke (4)
Druck: Elbe Druckerei Wittenberg GmbH, 06896 Lutherstadt Wittenberg

Inhaltsverzeichnis

A. Formen sachlichen Schreibens — 4
1. Einen offiziellen Brief schreiben — 4
2. Ein Protokoll verfassen — 7
3. Ein Inhaltsangabe schreiben — 9

B. Sachtextanalyse – Argumentieren – Erörtern — 15
1. Sachtextanalyse — 15
2. Argumentieren und Erörtern — 25
3. Eine Erörterung schreiben und überarbeiten — 29

C. Materialgestütztes Schreiben — 35
1. Informierendes Schreiben — 35
2. Argumentierendes Schreiben — 43

D. Analyse und Interpretation erzählender Texte — 44
1. Schwerpunkte I und II: Sprachliche Gestaltung und Merkmale der Kurzgeschichte — 44
2. Schwerpunkte III und IV: Figurengestaltung und erzählerische Gestaltung — 48
3. Schwerpunkte V und VI: Motivgestaltung und Erzähler/Sprache — 52

E. Analyse und Interpretation dramatischer Texte — 58
1. Übersicht über mögliche thematische Zugänge — 58
2. Gesamtaussage (als mögliche Einleitung für die Gesamtinterpretation) — 60
3. Handlungsgliederung: Klassische Struktur des Dramas – nach Gustav Freytag (1816–1895) — 61
4. Definition und Funktionen des Dramas/der Tragödie — 63
5. Konflikt/Konfliktarten — 65
6. Figuren — 67
7. Figurenkonstellation — 68
8. Figurenrede — 68
9. Sprachgebrauch — 70
10. Klausuraufgabe — 73

F. Analyse und Interpretation lyrischer Texte — 74
1. Schwerpunkte I und II: Sprecherintention und Formmerkmale — 74
2. Schwerpunkt III: Bildlichkeit — 78

G. Techniken wissenschaftlichen Arbeitens — 82
1. Anforderungen an wissenschaftliche Arbeiten — 82
2. Sprachliche Gestaltungshinweise – „Wissenschaftssprache" — 83
3. Zitiertechniken — 84
4. Die Kennzeichnung von Zitatquellen — 85
5. Das Literaturverzeichnis — 86

H. Klippen der Grammatik: Modus und Syntax — 89
1. Modus — 89
2. Syntax – Satzglieder — 93
3. Syntax – Satzbauformen — 95

I. Klippen bei der Kommasetzung — 99
1. Reihungen, Aufzählungen — 99
2. Konjunktionen zwischen gleichrangigen Wörter und Wortgruppen — 99
3. Konjunktionen zwischen Sätzen — 101
4. Infinitive und Partizipien — 101
5. Zeichensetzung bei Zitaten — 103
6. Test — 104

A. Formen sachlichen Schreibens

1. Einen offiziellen Brief schreiben

Die Gestaltung von offiziellen bzw. Geschäftsbriefen orientiert sich an festgelegten Regeln, der Norm DIN 5008, denn Geschäftsbriefe sind im Unterschied zu privaten Briefen in Struktur und Aussehen ein Aushängeschild des Betriebs oder der Behörde.
Die DIN-Norm regelt nicht, was in einem Brief stehen soll (Inhalt), sondern wie er gestaltet sein sollte (Form).
Die folgenden Regeln zur Form können Sie im Einzelnen leicht durch Internetrecherche ergänzen oder präzisieren.

Regeln zur Form:

Seitenränder
- oben: mindestens 2,5 cm (Beginn der Absenderangabe) bis 4,5 cm (mit Firmenlogo),
unten: 2 cm, links: 2,5 cm, rechts meist 2 cm

Schriftart und Schriftgröße
- Standardschrift: Nicht vorgegeben, in der Regel verwendet: Times New Roman, Arial oder Helvetica,
- Größe: 11 oder 12 Punkt.

Briefkopf
- *Eigene Anschrift* (Absender): meist oben links, für Briefe mit Sichtfenster oft 3 Zeilen über der Empfängeranschrift einzeilig in verkleinerter Schriftgröße
- *Empfängeranschrift*: Höchstens 8,5 Zentimeter breit (Sichtfenstergröße), maximal 6 Zeilen.
- *Datum*: rechtsbündig, meist 1 Zeile unterhalb des Anschriftenfeldes.

Betreff- und Bezugzeile
- *Betreffzeile*: 2 Zeilen unterhalb des Anschriftenfeldes bzw. der Datumsangabe; optische Hervorhebung (z. B. Fettschrift) erlaubt; so kurz wie möglich, nicht länger als 2 Zeilen
- *Bezugzeile*: Nur möglich, wenn sich das Schreiben auf einen vorherigen Kontakt mit dem Empfänger bezieht (z. B. Ihr Schreiben vom 10.08.20..)
- Betreffzeile und Bezugzeile nicht mit *Betreff*, *Betr.* bzw. *Bezug*, *Bez.* o. Ä. beginnen

Anrede und Brieftext
- 2 Zeilen unterhalb der Betreffzeile, linksbündig, es folgt 1 Leerzeile
- Standardanrede (bei unbekanntem Namen): Sehr geehrte Damen und Herren
- Absätze im Text jeweils durch 1 Leerzeile trennen.
- Leerzeile nach dem Text

Grußformel und Unterschrift
- Standardformel: Mit freundlichen Grüßen; Abstand zu Unterschrift: 3 Zeilen
- Der Name des Unterschreibenden kann in Maschinenschrift unter der Unterschrift wiederholt werden

Anlagen
- Wenn angefügt: Nennung von Anlagen am Schluss

> **▶ Wissen**
>
> **Tipps zur sprachlichen Gestaltung**
>
> - **Grundsätzlich:**
> Kurz und knapp auf den Punkt kommen, Lesebereitschaft des Empfängers nicht überstrapazieren, wichtig daher die Betreffzeile;
> Brief insgesamt selten länger als 1 – 1½ DIN A4-Seiten;
> wegen der Lesbarkeit besser Hauptsätze als verschachtelte Haupt-Nebensatz-konstruktionen verwenden.
>
> - **Anrede:**
> Die Standardanrede lautet:
> „Sehr geehrte Damen und Herren, ..."
> Ist der Name bekannt:
> „Sehr geehrte Frau ...,
> sehr geehrter Herr ...";
> veraltete Formen vermeiden
> („Werter Herr ..., Verehrte Frau ...").
> Je vertrauter der Empfänger, desto vertrauter die Anrede („Lieber ...").
>
> - **Brieftext:**
> In den Empfänger hineinversetzen: Wo kann ich ihn „abholen"?
> Was bewegt ihn, interessiert ihn, also kundenorientiert vorgehen,
> z. B. „Sie" statt „Wir" verwenden:
> „Sie bekommen von uns ..."
> statt „Wir senden Ihnen ...";
> positiv statt negativ:
> „Wir bemühen uns um eine schnellstmögliche ..."
> statt „leider haben wir den gewünschten Artikel nicht vorrätig ...".
>
> - **Briefschluss:**
> Abrundung (Kontakt für Rückfragen anbieten, sich bedanken, um eine bestimmte Reaktion/Antwort bitten).
> Grußformel nicht nur
> „Mit freundlichen Grüßen"),
> sondern z. B. auch „Mit besten Grüßen",
> „Mit den besten Grüßen"

1. Einen offiziellen Brief schreiben

1 Markieren Sie im folgenden Beschwerdebrief Textstellen, die überarbeitet werden müssen, und notieren Sie im Text Vermerke über korrekte Zeilenabstände.
Berücksichtigen Sie bei Ihren Überarbeitungshinweisen auch die vorgegebene Situationsbeschreibung.

Situation: Ihr Vorgesetzter als Auszubildende eines größeren Unternehmens fördert Sie zu wenig und schikaniert Sie: Er gibt Ihnen oft Aufträge, die viel Zeit kosten und sich nicht innerhalb der Arbeitszeit erledigen lassen; außerdem erschwert er Ihnen die Ausbildung, indem er Abläufe erklärt, wenn Sie nicht dabei sind, oder Regelungen einführt, ohne auch Sie zu informieren.

Notizen zur Überarbeitung

Marisa Guttenwind, Rollgasse 33, 49776 Maagnich

27.08.2015
Firma Pro Intertel
Betriebsrat Walter Billus
Großer Nettelweg 1-15
49788 Grobelzug

Hallo Herr Billus!

Ich bin Auszubildende bei Pro Intertel und will mich bei Ihnen beschweren und um Ihre Unterstützung bitten, denn ich fühle mich durch unseren Ausbildungsleiter schikaniert und habe deshalb Sorge, mein Ausbildungsziel nicht oder nur mit schlechteren Ergebnisse zu erreichen. Unser Ausbildungsleiter, Herr Lasiges, lässt mich dauern spüren, dass er mich offenbar nicht mag, weil ich mich nicht wie die meisten anderen ducke und stumm ertrage, was kommt, sondern sage, was ich denke und was mir nicht passt. Das zeigt sich z. B. darin, dass er mir oft kurz vor dem Ende der Arbeitszeit noch Aufträge gibt, die ich erledigen soll, die aber weit über die reguläre Arbeitszeit hinausgehen, weil er mich vermutlich kleinkriegen will, wie ich vermute. Das will er wohl auch damit erreichen, dass er manchmal anderen Auszubildenden wichtige Abläufe erklärt, wenn ich nicht dabei bin, oder dass er neue Regeln einführt, ohne mir etwas davon zu sagen. Leider ist es noch nicht zu einem Gespräch zwischen mir und unserem Ausbilder gekommen; als ich darum bat, sagte er nur: „Denken Sie erst mal über Ihr Verhalten nach, dann können wir darüber reden" – und ließ mich einfach stehen. Ich bitte Sie als Betriebsrat angesichts dieser Situation um Unterstützung; vielleicht lässt sich ja in einem Gespräch zwischen Ihnen, Herrn Lasiges und mir manches klären, damit dem Ausbildungsleiter klar wird, dass das so nicht geht und ich mich auch nicht mundtot machen lassen werde.

Mit herzlichen Grüßen
Marisa Guttenwind
Auszubildende im Zweigwerk Maagnoch

2 Schreiben Sie auf einem *Extrablatt* eine korrigierte Fassung des Beschwerdebriefs.
Achten Sie auf formale Korrektheit und bedenken Sie, wie die Schreiberin ihr Ziel einer förderlichen Ausbildungsatmosphäre am besten erreichen kann.

A. Formen sachlichen Schreibens

Situation: Nach Beschwerden von Bürgern und Geschäftsleuten wegen Belästigung durch Lärm, Verschmutzung, Sachbeschädigung, Schlägereien, Alkohol- und Drogenkonsum in der Fußgängerzone und auf dem Marktplatz schlägt die Stadtverwaltung vor, die betroffenen Bereiche lückenlos mit Videokameras zu überwachen. Der Stadtrat soll in seiner nächsten Sitzung entscheiden.
Bei einer Diskussion in Ihrem Kurs wurde kontrovers diskutiert. Hervorgehoben wurden dabei die freie Persönlichkeitsentfaltung, der Datenschutz, die Sicherheit, Sauberkeit, eine lebendige Einkaufsatmosphäre und ein beliebter Aufenthaltsort von jungen Leuten. Bei der anschließenden Abstimmung hat sich eine Mehrheit gegen die Installation von Kameras ausgesprochen. Sie wurden schließlich von Ihren Mitschülern beauftragt, in einem Brief an die Bürgermeisterin die Meinung Ihrer Klasse bzw. Ihres Kurses darzulegen und einige konstruktive Vorschläge für eine andere Lösung der Probleme zu unterbreiten.

3 Prüfen Sie die folgenden Briefeinleitungen und markieren Sie, was nach Ihrer Einschätzung noch überarbeitet werden muss. Begründen Sie den Überarbeitungsbedarf jeweils am Rand.

A

Liebe Bürgermeisterin!

Die geplante totale Videoüberwachung in der Innenstadt hat bei den Schülern der Berufsoberschule zu heftigen Diskussionen geführt. Davon will ich Ihnen heute berichten, damit der Stadtrat seine Entscheidungen noch einmal überdenken kann. (…)

Das muss überarbeitet werden, weil …

B

Sehr geehrte Frau Bürgermeisterin Schaffer,

wir, die Klasse 11b der Berufsoberschule Hasetal, haben über den Vorschlag der Stadtverwaltung diskutiert, Fußgängerzone und Marktplatz mit Videokameras zu überwachen, und mich gebeten, im Namen der Klasse unsere Argumente in einem Brief an Sie darzustellen und unser Abstimmungsergebnis zu begründen, damit der Stadtrat weiß, was die Bürger der Stadt eigentlich zu den Vorschlägen der Verwaltung sagen.

Das muss überarbeitet werden, weil …

4 Schreiben Sie selbst eine Briefeinleitung, die der Sache, dem Anlass und dem Adressaten angemessen ist.

5 Verfassen Sie auf der Basis einer der folgenden Situationsbeschreibungen auf einem *Extrablatt* einen Brief an die Bürgermeisterin.
Die für einen korrekten Brief fehlenden Angaben, z. B. im Briefkopf, können Sie nach eigenen Ideen ergänzen.

2. Ein Protokoll verfassen

> ▶ **Wissen**
>
> - **Ergebnisprotokoll:** Knappe Wiedergabe von Ergebnissen, Anträgen, Abstimmungen, Beschlüssen einer Besprechung, Diskussion, Versammlung.
> - **Verlaufsprotokoll:** zusätzlich Wiedergabe des Verlaufs, der Diskussions- und Besprechungsbeiträge.
> - **Form Protokollkopf:** Protokoll der … (Veranstaltung, Sitzung) vom … (Datum) – Zeit (von … bis …) Ort: (in …(Ort, Gebäude/Raum) – Teilnehmer (Frau / Herr … oder Vor- / Nachname) – Leitung (Vorsitzende/r)
> - **Form Protokollschluss:** Termine/Ort der nächsten Veranstaltung / Sitzung – Name und Unterschrift des Protokollanten/ evtl. auch Leiters

Besprechung der Projektgruppe
Einladungen/Werbung zur Kurzfilmpräsentation

Teilnehmer:
Die Schüler Henk Draude (**H** – Protokollführer), Beeke Drieschner (**B**), Oliver Heeger (**O**), Fyn Heuer (**F**), Aslan Probst (**A**), Laura Schnieders (**L**) und Emilia Timmer (**E** – Gesprächsleitung)

E: Noch mal zur Erinnerung: Wir müssen heute die Frage klären, wie wir für unsere Kurzfilmpräsentation werben wollen, wir müssen da an Einladungsschreiben, an Plakate, Handzettel und auch an die Presse denken.

B: Meiner Meinung nach reichen einfache Einladungsschreiben an die Eltern oder ein paar Freunde, die kommen doch meist sowieso schon aus Pflichtgefühl, da ist jeder Aufwand schon zu viel des Guten.

H: Nur aus Pflichtgefühl? Das wäre mir zu wenig, die sollen doch motiviert sein und im Endeffekt hoffentlich auch begeistert von unseren Ergebnissen, oder?

E: Einladungsschreiben ist ja klar, über weitere Möglichkeiten müssen wir reden. Wer macht einen Entwurf für ein Einladungsschreiben?

L: Moment! Wer soll denn nun per Brief eingeladen werden? Davon hängt doch ab, aber die Einladung offiziell wirken soll oder eher etwas jugendlicher sein kann in Gestaltung und Sprache.

F: Ja also Eltern und Lehrer vor allem, finde ich. Da sollte die Einladung schon seriös wirken, aber auch interessant sein, nicht so trocken. Und soll das denn wirklich ein Brief sein wie so ein Geschäftsbrief? Oder nicht doch besser eine interessante Einladungskarte?

L: Ich bin für eine selbst gestaltete Einladungskarte, die auch etwas mit dem Titel unserer Filme zu tun hat: *Leben jetzt.*

E: Einverstanden? Ich sehe keinen Widerspruch. Ok, wer schreibt zu unserem nächsten Treffen am Montag einen Entwurf, den wir dann konkret besprechen oder über den wir dann abstimmen können? Du? Gut, also Laura schreibt die Einladungskarte für Eltern und Lehrer. Was sollen wir darüber hinaus noch für die Werbung tun?

L: Gut wäre es ja, wenn wir auch viele Jugendliche ansprechen könnten, denn das Thema geht doch vor allem Jugendliche an.

A: Ich finde die Filme so gut, dass wir alles mobilisieren sollten, also Fernsehsender, Radiosender, Zeitungen usw.

O: Vielleicht kommen wir ja groß raus! Man sollte alle Chancen nutzen. Also ich bin für deinen Vorschlag! Wir sind kurz vor Abschluss der Schule, haben etwas produziert, was sich sehen lassen kann, da ist es doch klar, dass wir auch schon mal an unsere Karriere denken müssen. Und wenn wir uns nicht bekannt machen, sieht uns auch keiner!

A: Vielleicht kommt das Fernsehen ja nicht gleich mit Aufnahmewagen, aber wir sollten unsere drei Filme zumindest an das Regionalfernsehen schicken und eine Einladung zur Präsentation dazulegen.

O: Und an den regionalen Radiosender, die werden doch wohl auch darüber berichten!

B: Nun mal langsam! Drei Schülerfilme, Kurzfilme! Das interessiert doch allenfalls die Schülerzeitung oder gerade noch die Regionalzeitung! Wenn überhaupt!

E: Ich finde auch, wir sollten nicht größenwahnsinnig werden und so tun, als wenn wir berühmte Filmemacher wären; das würde doch nur als Angeberei aufgefasst und das Gegenteil bewirken von dem, was wir wollen. Ein bisschen mehr Bescheidenheit, Leute!

O: Ich kann nur wiederholen: Wir sollten uns nicht verstecken, wir haben doch etwas zu bieten! Und wenn wir uns bescheiden und klein geben, wird man uns auch für klein und bedeutungslos halten. Also: Nicht so kleine Brötchen backen, sondern auf die Sahne hauen!

E: Wie wär's erst mal mit einem Kompromiss. Hier am Ort ist doch ein kleines Studio unseres Regionalfernsehens. Wir könnten doch erst mal da nachfragen und unsere Filmproduktion interessant vorstellen, vielleicht beißen sie an und senden die Filme sogar, z. B. in einer Jugendsendung oder so. Und wenn das gut läuft, könnten wir es auch noch mal mit den großen Sendern probieren.

A: Versuchen können wir's, auch wenn ich das Ganze immer noch für eine Nummer zu groß halte.

E: Gut. Wer überlegt sich, wie man das Regionalfernsehen interessieren könnte und stellt dann den Kontakt her? Henk und Oliver? Ihr seid doch ein gutes Gespann, könntet ihr das übernehmen? – Ok. Danke.

A. Formen sachlichen Schreibens

L: Und was ist jetzt mit der Werbung bei Jugendlichen an unserer Schule oder hier in unserer Stadt? Da brauchen wir doch Plakate oder Flyer.

B: DIN A3 wäre gut, und die Flyer würde ich ganz einfach aus dem Plakat als Verkleinerung entwickeln. Ich hätte da schon eine Idee, wenn ihr auch der Meinung seid, dass wir auch solche Werbung brauchen und wenn ihr einverstanden seid, dass ich mal einen Vorschlag zu nächstem Montag entwickle.

A: Finde ich gut, wollen wir das zusammen machen? Ich hätte Lust dazu.

B: Können wir gern zusammen machen, du hast ja auch immer gute Ideen bei Plakaten.

E: Ich glaube, es wird sich keiner wehren, wenn ihr freiwillig arbeiten wollt. Also abgemacht, ihr kümmert euch um Plakatentwürfe und Flyer oder Handzettel. Dann hätten wir's ja erst mal für heute. Ob und wie wir noch die örtliche Presse einbeziehen sollen, können wir ja beim nächsten Mal besprechen. Henk schreibt ja Protokoll, da könnt ihr dann alles Wichtige noch mal nachlesen. Schaffst du das Protokoll bis morgen? Wäre gut!

6 Notieren Sie zunächst, um welches Thema es in der Besprechung der Projektgruppe geht und welche Funktion das Protokoll für die Schülergruppe haben soll.

Thema: _____

Funktion: _____

7 Markieren Sie im Gesprächstext auf der Basis der Funktion des Protokolls, welche Informationen für das Protokoll wichtig sind, und streichen Sie durch, was dafür belanglos ist.

8 Sortieren Sie die im Text markierten Informationen stichwortartig; Sie können sich dabei an den gefassten Vereinbarungen bzw. Beschlüssen als Gliederungsüberschriften orientieren.

(1) _____

(2) _____

(3) _____

9 Schreiben Sie auf einem *Extrablatt* das Protokoll der Projektgruppensitzung. Fehlende Informationen im Protokollkopf – wie z. B. Ort und Zeit – und im Protokollschluss können Sie in formal korrekter Form „erfinden".

3. Ein Inhaltsangabe schreiben

> **▶ Wissen**
> - **Inhaltsangabe:** Sachliche, knappe Information über den Inhalt eines Textes.
> - **Einleitungssatz:** Zusammenfassende Grundinformation: Text (Textart, Titel, wenn bekannt: Quelle und Erscheinungsjahr); Verfasser/in; Thema/Problem/Ergebnis.
> - **Hauptteil:** knapp berichtend über wesentliche Handlungs- bzw. Gedankenschritte, ohne Wertung oder Interpretation, mit eigenen Worten.
> - **Form:** Distanz des Schreibers zum Inhalt: keine wörtliche Rede, durchgehend 3.Person, Konjunktiv I für indirekte Rede oder mit Redeeinleitung („Der Autor erläutert ..."); Tempus: Präsens bzw. Perfekt für Vergangenes.

10 Lesen Sie die folgende Geschichte möglichst zweimal.
– Markieren Sie, was für das Verständnis der Geschichte wichtig ist.
– Kennzeichnen Sie beim zweiten Lesen Textstellen, an denen ein neuer Handlungsschritt beginnt,
– und fassen Sie jeden Handlungsschritt am Rand mit wenigen Stichworten zusammen.

Marie Luise Kaschnitz: Das dicke Kind (1951)

Es war Ende Januar, bald nach den Weihnachtsferien, als das dicke Kind zu mir kam. Ich hatte in diesem Winter angefangen, an die Kinder aus der Nachbarschaft Bücher auszuleihen, die sie an einem bestimmten Wochentag holen und zurückbringen sollten. Natürlich kannte ich die
5 meisten dieser Kinder, aber es kamen auch manchmal Fremde, die nicht in unserer Straße wohnten. Und wenn auch die Mehrzahl von ihnen gerade nur so lange Zeit blieb, wie der Umtausch in Anspruch nahm, so gab es doch einige, die sich hinsetzten und gleich auf der Stelle zu lesen begannen. Dann saß ich an meinem Schreibtisch und arbeitete und die Kinder saßen
10 an dem kleinen Tisch bei der Bücherwand und ihre Gegenwart war mir angenehm und störte mich nicht.
   Das dicke Kind kam an einem Freitag oder Samstag, jedenfalls nicht an dem zum Ausleihen bestimmten Tag. Ich hatte vor auszugehen und war im Begriff, einen kleinen Imbiss, den ich mir gerichtet hatte, ins Zimmer zu
15 tragen. Kurz vorher hatte ich einen Besuch gehabt und dieser musste wohl vergessen haben die Eingangstür zu schließen. So kam es, dass das dicke Kind ganz plötzlich vor mir stand, gerade als ich das Tablett auf den Schreibtisch niedergesetzt hatte und mich umwandte, um noch etwas in der Küche zu holen. Es war ein Mädchen von vielleicht zwölf Jahren, das einen altmo-
20 dischen Lodenmantel und schwarze, gestrickte Gamaschen anhatte und an einem Riemen ein paar Schlittschuhe trug, und es kam mir bekannt, aber doch nicht richtig bekannt vor, und weil es so leise hereingekommen war, hatte es mich erschreckt.
   Kenne ich dich? fragte ich überrascht. Das dicke Kind sagte nichts. Es
25 stand nur da und legte die Hände über seinem runden Bauch zusammen und sah mich mit seinen wasserhellen Augen an.
   Möchtest du ein Buch? fragte ich. Das dicke Kind gab wieder keine Antwort. Aber darüber wunderte ich mich nicht allzu sehr. Ich war es gewohnt, dass die Kinder schüchtern waren und dass man ihnen helfen musste. Also
30 zog ich ein paar Bücher heraus und legte sie vor das fremde Mädchen hin. Dann machte ich mich daran, eine der Karten auszufüllen, auf welchen die entliehenen Bücher aufgezeichnet wurden.
   Wie heißt du denn? fragte ich. Sie nennen mich die Dicke, sagte das Kind. Soll ich dich auch so nennen? fragte ich. Es ist mir egal, sagte das
35 Kind. Es erwiderte mein Lächeln nicht und ich glaube mich jetzt zu erinnern, dass sein Gesicht sich in diesem Augenblick schmerzlich verzog. Aber ich achtete darauf nicht.

Wann bist du geboren? fragte ich weiter. Im Wassermann, sagte das Kind ruhig. Diese Antwort belustigte mich und ich trug sie auf der Karte ein, spaßeshalber gewissermaßen, und dann wandte ich mich wieder den Büchern zu.

Möchtest du etwas Bestimmtes? fragte ich. Aber dann sah ich, dass das fremde Kind gar nicht die Bücher ins Auge fasste, sondern seine Blicke auf dem Tablett ruhen ließ, auf dem mein Tee und meine belegten Brote standen.

Vielleicht möchtest du etwas essen, sagte ich schnell. Das Kind nickte und in seiner Zustimmung lag etwas wie ein gekränktes Erstaunen darüber, dass ich erst jetzt auf diesen Gedanken kam. Es machte sich daran, die Brote eins nach dem andern zu verzehren, und es tat das auf eine besondere Weise, über die ich mir erst später Rechenschaft gab.

Dann saß es wieder da und ließ seine trägen kalten Blicke im Zimmer herumwandern und es lag etwas in seinem Wesen, das mich mit Ärger und Abneigung erfüllte. Ja gewiss, ich habe dieses Kind von Anfang an gehasst. Alles an ihm hat mich abgestoßen, seine trägen Glieder, sein hübsches, fettes Gesicht, seine Art zu sprechen, die zugleich schläfrig und anmaßend war. Und obwohl ich mich entschlossen hatte, ihm zuliebe meinen Spaziergang aufzugeben, behandelte ich es doch keineswegs freundlich, sondern grausam und kalt. Oder soll man es etwa freundlich nennen, dass ich mich nun an den Schreibtisch setzte und meine Arbeit vornahm und über meine Schulter weg sagte, lies jetzt, obwohl ich doch ganz genau wusste, dass das fremde Kind gar nicht lesen wollte? Und dann saß ich da und wollte schreiben und brachte nichts zustande, weil ich ein sonderbares Gefühl der Peinigung hatte, so, wie wenn man etwas erraten soll und errät es nicht, und ehe man es nicht erraten hat, kann nichts mehr so werden, wie es vorher war. Und eine Weile lang hielt ich das aus, aber nicht sehr lange, und dann wandte ich mich um und begann eine Unterhaltung und es fielen mir nur die törichtesten Fragen ein.

Hast du noch Geschwister? fragte ich. Ja, sagte das Kind. Gehst du gern in die Schule? fragte ich. Ja, sagte das Kind. Was machst du denn am liebsten? Wie bitte? fragte das Kind. Welches Fach? fragte ich verzweifelt. Ich weiß nicht, sagte das Kind. Vielleicht Deutsch? fragte ich. Ich weiß nicht, sagte das Kind. Ich drehte meinen Bleistift zwischen den Fingern und es wuchs etwas in mir auf, ein Grauen, das mit der Erscheinung des Kindes in gar keinem Verhältnis stand.

Hast du Freundinnen? fragte ich zitternd. O ja, sagte das Mädchen. Eine hast du doch sicher am liebsten? fragte ich. Ich weiß nicht, sagte das Kind, und wie es dasaß in seinem haarigen Lodenmantel, glich es einer fetten Raupe und wie eine Raupe hatte es auch gegessen, und wie eine Raupe witterte es jetzt wieder herum. Jetzt bekommst du nichts mehr, dachte ich, von einer sonderbaren Rachsucht erfüllt. Aber dann ging ich doch hinaus und holte Brot und Wurst und das Kind starrte darauf mit seinem dumpfen Gesicht und dann fing es an zu essen, wie eine Raupe frisst, langsam und stetig, wie aus einem inneren Zwang heraus und ich betrachtete es feindlich und stumm.

Denn nun war es schon so weit, dass alles an diesem Kind mich aufzuregen und zu ärgern begann. Was für ein albernes, weißes Kleid, was für ein lächerlicher Stehkragen, dachte ich, als das Kind nach dem Essen seinen Mantel aufknöpfte. Ich setzte mich wieder an meine Arbeit, aber dann hörte ich das Kind hinter mir schmatzen, und dieses Geräusch glich dem trägen Schmatzen eines schwarzen Reihers irgendwo im Walde, es brachte mir alles wässerig Dumpfe, alles Schwere und Trübe der Menschennatur zum Bewusstsein und verstimmte mich sehr. Was willst du von mir, dachte ich, geh fort, geh fort. Und ich hatte Lust, das Kind mit meinen Händen aus dem Zimmer zu stoßen, wie man ein lästiges Tier vertreibt. Aber dann stieß ich es nicht aus dem Zimmer, sondern sprach nur wieder mit ihm, und wieder auf dieselbe grausame Art.

Gehst du jetzt aufs Eis, fragte ich. Ja, sagte das dicke Kind. Kannst du gut Schlittschuhlaufen? fragte ich und deutete auf die Schlittschuhe, die

3. Ein Inhaltsangabe schreiben

das Kind noch immer am Arm hängen hatte. Meine Schwester kann gut,
sagte das Kind, und wieder erschien auf seinem Gesicht in Ausdruck von
Schmerz und Trauer und wieder beachtete ich ihn nicht. Wie sieht deine
Schwester aus? fragte ich. Gleicht sie dir? Ach nein, sagte das dicke Kind.
Meine Schwester ist ganz dünn und hat schwarzes, lockiges Haar. Im
Sommer, wenn wir auf dem Land sind, steht sie nachts auf, wenn ein Gewitter kommt, und sitzt oben auf der obersten Galerie auf dem Geländer und
singt.

Und du? fragte ich. Ich bleibe im Bett, sagte das Kind. Ich habe
Angst. Deine Schwester hat keine Angst, nicht wahr? sagte ich. Nein, sagte
das Kind. Sie hat niemals Angst. Sie springt auch vom obersten Sprungbrett. Sie macht einen Kopfsprung, und dann schwimmt sie weit hinaus.

Was singt deine Schwester denn? fragte ich neugierig. Sie singt, was sie
will, sagte das dicke Kind traurig. Sie macht Gedichte. Und du? fragte ich.
Ich tue nichts, sagte das Kind. Und dann stand es auf und sagte, ich muss
jetzt gehen. Ich streckte meine Hand aus, und es legte seine dicken Finger
hinein und ich weiß nicht genau, was ich dabei empfand, etwas wie eine
Aufforderung, ihm zu folgen, einen unhörbaren dringlichen Ruf. Komm
einmal wieder, sagte ich, aber es war mir nicht ernst damit, und das Kind
sagte nichts und sah mich mit seinen kühlen Augen an. Und dann war es
fort und ich hätte eigentlich Erleichterung spüren müssen. Aber kaum, dass
ich die Wohnungstür ins Schloss fallen hörte, lief ich auch schon auf den
Korridor hinaus und zog meinen Mantel an. Ich rannte ganz schnell die
Treppe hinunter und erreichte die Straße in dem Augenblick, in dem das
Kind um die nächste Ecke verschwand. Ich muss doch sehen, wie diese
Raupe Schlittschuh läuft, dachte ich. Ich muss doch sehen, wie sich dieser
Fettkloß auf dem Eise bewegt. Und ich beschleunigte meine Schritte, um
das Kind nicht aus den Augen zu verlieren.

Es war am frühen Nachmittag gewesen, als das dicke Kind zu mir ins
Zimmer trat, und jetzt brach die Dämmerung herein. Obwohl ich in dieser
Stadt einige Jahre meiner Kindheit verbracht hatte, kannte ich mich doch
nicht mehr gut aus, und während ich mich bemühte, dem Kind zu folgen,
wusste ich bald nicht mehr, welchen Weg wir gingen, und die Straßen und
Plätze, die vor mir auftauchten, waren mir völlig fremd. Ich bemerkte auch
plötzlich eine Veränderung in der Luft. Es war sehr kalt gewesen, aber nun
war ohne Zweifel Tauwetter eingetreten und mit so großer Gewalt, dass der
Schnee schon von den Dächern tropfte und am Himmel große Föhnwolken
ihres Weges zogen. Wir kamen vor die Stadt hinaus, dorthin, wo die Häuser
von großen Gärten umgeben sind, und dann waren gar keine Häuser mehr
da, und dann verschwand plötzlich das Kind und tauchte eine Böschung
hinab. Und wenn ich erwartet hatte, nun einen Eislaufplatz vor mir zu sehen, helle Buden und Bogenlampen und eine glitzernde Fläche voll Geschrei und Musik, so bot sich mir jetzt ein ganz anderer Anblick. Denn dort
unten lag der See, von dem ich geglaubt hatte, dass seine Ufer mittlerweile
alle bebaut worden wären: er lag ganz einsam da, von schwarzen Wäldern
umgeben und sah genau wie in meiner Kindheit aus.

Dieses unerwartete Bild erregte mich so sehr, dass ich das fremde Kind
beinahe aus den Augen verlor. Aber dann sah ich es wieder, es hockte am
Ufer und versuchte, ein Bein über das andere zu legen und mit der einen
Hand den Schlittschuh am Fuß festzuhalten, während es mit der andern
den Schlüssel herumdrehte. Der Schlüssel fiel ein paar Mal herunter und
dann ließ sich das dicke Kind auf alle viere fallen und rutschte auf dem Eis
herum und suchte und sah wie eine seltsame Kröte aus. Über dem wurde es
immer dunkler, der Dampfersteg, der nur ein paar Meter von dem Kind
entfernt in den See vorstieß, stand tiefschwarz über der weiten Fläche, die
silbrig glänzte, aber nicht überall gleich, sondern ein wenig dunkler hier
und dort und in diesen trüben Flecken kündigte sich das Tauwetter an.
Mach doch schnell, rief ich ungeduldig, und die Dicke beeilte sich nun
wirklich, aber nicht auf mein Drängen hin, sondern weil draußen vor dem
Ende des langen Dampfersteges jemand winkte und „Komm Dicke" schrie,
jemand, der dort seine Kreise zog, eine leichte, helle Gestalt. Es fiel mir ein,

A. Formen sachlichen Schreibens

160 dass sie die Schwester sein müsse, die Tänzerin, die Gewittersängerin, das Kind nach meinem Herzen, und ich war gleich überzeugt, dass nichts anderes mich hergelockt hatte als der Wunsch, dieses anmutige Wesen zu sehen. Zugleich aber wurde ich mir auch der Gefahr bewusst, in der die Kinder schwebten. Denn nun begann mit einem Mal dieses seltsame Stöhnen,
165 diese tiefen Seufzer, die der See auszustoßen scheint, ehe die Eisdecke bricht. Diese Seufzer liefen in der Tiefe hin wie eine schaurige Klage und ich hörte sie und die Kinder hörten sie nicht. Nein gewiss, sie hörten sie nicht. Denn sonst hätte sich die Dicke, dieses ängstliche Geschöpf, nicht auf den Weg gemacht, sie wäre nicht mit ihren kratzigen unbeholfenen Stößen
170 immer weiter hinausgestrebt und die Schwester draußen hätte nicht gewinkt und gelacht und sich wie eine Ballerina auf der Spitze ihres Schlittschuhs gedreht, um dann wieder ihre schönen Achter zu ziehen, und die Dicke hätte die schwarzen Stellen vermieden, vor denen sie jetzt zurückschreckte, um sie dann doch zu überqueren, und die Schwester hätte sich
175 nicht plötzlich hoch aufgerichtet und wäre nicht davongeglitten, fort, fort, einer der kleinen einsamen Buchten zu. Ich konnte das alles genau sehen, weil ich mich darangemacht hatte, auf dem Dampfersteg hinauszuwandern, immer weiter, Schritt für Schritt. Obgleich die Bohlen vereist waren, kam ich doch schneller vorwärts als das dicke Kind dort unten, und wenn ich
180 mich umwandte, konnte ich sein Gesicht sehen, das einen dumpfen und zugleich sehnsüchtigen Ausdruck hatte. Ich konnte auch die Risse sehen, die jetzt überall aufbrachen und aus denen wie Schaum vor die Lippen des Rasenden ein wenig schäumendes Wasser trat. Und dann sah ich natürlich auch, wie unter dem dicken Kinde das Eis zerbrach. Denn das geschah an
185 der Stelle, an der die Schwester vordem getanzt hatte und nur wenige Armlängen vor dem Ende des Stegs.

3. Ein Inhaltsangabe schreiben

Ich muss gleich sagen, dass dieses Einbrechen kein lebensgefährliches war. Der See gefriert in ein paar Schichten, und die zweite lag nur einen Meter unter der ersten und war noch ganz fest. Alles, was geschah, war, dass die Dicke einen Meter tief im Wasser stand, im eisigen Wasser freilich und umgeben von bröckelnden Schollen, aber wenn sie nur ein paar Schritte durch das Wasser watete, konnte sie den Steg erreichen und sich dort hinaufziehen, und ich konnte ihr dabei behilflich sein. Aber ich dachte trotzdem gleich, sie wird es nicht schaffen, und es sah auch so aus, als ob sie es nicht schaffen würde, wie sie da stand, zu Tode erschrocken, und nur ein paar unbeholfene Bewegungen machte, und das Wasser strömte um sie herum und das Eis unter ihren Händen zerbrach. Der Wassermann, dachte ich, jetzt zieht er sie hinunter, und ich spürte gar nichts dabei, nicht das geringste Erbarmen und rührte mich nicht. Aber nun hob die Dicke plötzlich den Kopf, und weil es jetzt vollends Nacht geworden und der Mond hinter den Wolken erschienen war, konnte ich deutlich sehen, dass etwas in ihrem Gesicht sich verändert hatte. Es waren dieselben Züge und doch nicht dieselben, aufgerissen waren sie von Willen und Leidenschaft, als ob sie nun, im Angesicht des Todes, alles Leben tränken, alles glühende Leben der Welt. Ja, das glaubte ich wohl, dass der Tod nahe und dies das letzte sei, und beugte mich über das Geländer und blickte in das weiße Antlitz unter mir, und wie ein Spiegelbild sah ich es mir entgegen aus der schwarzen Flut. Da aber hatte das dicke Kind den Pfahl erreicht. Es streckte die Hände aus und begann sich heraufzuziehen, ganz geschickt hielt es sich an den Nägeln und Haken, die aus dem Holze ragten. Sein Körper war zu schwer, und seine Finger bluteten, und es fiel wieder zurück, aber nur, um wieder von neuem zu beginnen. Und das war ein langer Kampf, ein schreckliches Ringen um Befreiung und Verwandlung, wie das Aufbrechen einer Schale oder eines Gespinstes, dem ich zusah, und jetzt hatte ich dem Kinde wohl helfen mögen, aber ich wusste, ich brauche ihm nicht mehr zu helfen – ich hatte es erkannt.

An meinen Heimweg an diesem Abend erinnere ich mich nicht. Ich weiß nur, dass ich auf unserer Treppe einer Nachbarin erzählte, dass es noch jetzt ein Stück Seeufer gäbe mit Wiesen und schwarzen Wäldern, aber sie erwiderte mir, nein, das gäbe es nicht. Und dass ich dann die Papiere auf meinem Schreibtisch durcheinandergewühlt fand und irgendwo dazwischen ein altes Bildchen, das mich selbst darstellte, in einem weißen Wollkleid mit Stehkragen, mit hellen wässrigen Augen und sehr dick.

Aus: Marie Louise Kaschnitz: Das dicke Kind und andere Erzählungen. Krefeld: Scherpe. 1952, S. 6ff.

---

11 Analysieren Sie die folgenden Beispiele für Einleitungssätze bzw. Einleitungen zu einer Inhaltsangabe des Textes und entscheiden Sie begründet, was jeweils gelungen ist und was noch nicht.

A In der Kurzgeschichte „Das dicke Kind" von Marie Luise Kaschnitz aus dem Jahr 1951 geht es um eine Icherzählerin, die sich selbst in ihrer Kindheit in einem fremden dicken Kind wiederfindet.

B Marie Luise Kaschnitz erzählt in ihrer Geschichte „Das dicke Kind" aus dem Jahr 1951 von einem Kind, das unerwartet in ihrer Buchausleihe erscheint und sie in Aussehen und Verhalten an die eigene Kindheit erinnert.

C In der Kurzgeschichte „Das dicke Kind" aus dem Jahr 1951 erzählt die Icherzählerin von einem etwa 12jährigen Mädchen, das in ihrer Buchausleihe für Kinder erscheint und das ihr äußerst unsympathisch ist; als das Kind geht, folgt sie ihm und sieht zu, wie das Kind sich beim Eislaufen selbst rettet und ihr wie ein Spiegelbild ihrer selbst erscheint.

A. Formen sachlichen Schreibens

Gelungen ist …	Noch nicht gut gelungen ist …
A:	A:
B:	B:
C:	C:

12 Schreiben Sie selbst einen Einleitungssatz, der den Ansprüchen an eine Einleitung einer Inhaltsangabe gerecht wird.

_____

13 Prüfen Sie den folgenden Auszug aus einer Inhaltsangabe und notieren Sie am Rand, was überarbeitet werden muss.

(…) Die Ich-Erzählerin hat im Winter damit begonnen, Kindern aus der Nachbarschaft Bücher auszuleihen. Eines Tages taucht unerwartet ein dickes etwa 12-jähriges Mädchen auf, das der Ich-Erzählerin irgendwie bekannt vorkommt, vor dem sie sich aber ekelt und das sie ablehnt. Das Mädchen hat offenbar Hunger, interessiert sich mehr für die Brote, die die Ich-Erzählerin gerade für sich zubereitet hat, als für Bücher, aber so genau weiß man das nicht, weil das Mädchen kaum spricht, sondern frisst wie eine Raupe, langsam und stetig, wie aus einem inneren Zwang heraus. (…)

14 Schreiben Sie auf einem _Extrablatt_ eine vollständige Inhaltsangabe der Geschichte, orientieren Sie sich dabei an Ihren bisherigen Arbeitsergebnissen und an den formalen Vorgaben für eine Inhaltsangabe.

B. Sachtextanalyse – Argumentieren – Erörtern

1. Sachtextanalyse

INFORMATIONEN AUS GRAFISCHEN DARSTELLUNGEN ENTNEHMEN

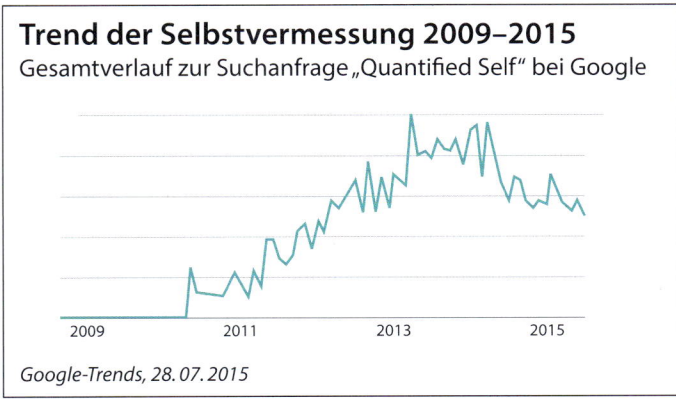

Trend der Selbstvermessung 2009–2015
Gesamtverlauf zur Suchanfrage „Quantified Self" bei Google

Google-Trends, 28.07.2015

2014		TRENDBÜRO/TNS	2012	2009
1	↗	Gesundheit	3	4
2	↘	Freiheit	1	1
3	↗	Erfolg	6	2
4	↘	Familie	2	3
5	↘	Gemeinschaft	4	10
6	↗	Natur	9	6
7	↗	Gerechtigkeit	8	9
8	↘	Anerkennung	7	8
9	—	Nachhaltigkeit	–	–
10	↘	Sicherheit	5	4

Quelle: Werte-Index 2014

1 Beschreiben und analysieren Sie Abbildungen 1 und 2 in Stichworten. Bewerten und beurteilen Sie die Abbildungen in einem zweiten Arbeitsschritt.

a) Beschreibung und Analyse: Quelle, Art des Diagramms, Darlegung der Zahlenwerte, untersuchte Bereiche, Vergleichsmöglichkeiten / Analyse der Daten.

b) Bewertung: Sehen Sie sich die Diagramme unter Berücksichtigung folgender Aussagen an und begründen Sie jeweils mit den Daten des Diagramms.

Die Aussage „Es kann vermutet werden, dass die sog. Selbstvermessung als Möglichkeit der Gesundheitssteigerung angesehen wird" ist

☐ richtig   ☐ falsch, weil

B. Sachtextanalyse – Argumentieren – Erörtern

Die Aussage „Gesundheit wird für viele immer erstrebenswerter, da sie als Grundlage für gelebte Freiheit, Autonomie und Eigenverantwortung gilt." ist

☐ richtig   ☐ falsch, weil

_____
_____
_____
_____
_____

c) Beurteilung: Geben Sie eine persönliche Stellungnahme und Wertung der Diagramme ab. Welche Ergebnisse erscheinen Ihnen nachvollziehbar, welche nicht? Begründen Sie Ihr persönliches Urteil anhand der Diagramme. Benutzen Sie ggf. ein Extrablatt.

_____
_____
_____
_____
_____
_____
_____
_____
_____
_____

INFORMATIONEN AUS SACHTEXTEN ENTNEHMEN

Material 1: Vermesst Euch!" (Auszug)

(…) 2007 prägten die beiden amerikanischen Technikjournalisten Kevin Kelly und Gary Wolf vom »Wired«-Magazin den Begriff „Quantified Self" und gaben mit dem Untertitel ihrer Website gleich das Programm vor: Selbsterkenntnis durch Zahlen. (…)
„Es ist eine medizinische Studie mit einem einzigen, aber sehr wichtigen Teilnehmer", sagt Gary Wolf. „Ihnen selbst." (…)

(…) Holger Dieterichs Einstieg in die Szene dürfte typisch sein. Der 36-jährige Technik-Freak sagt: „Ich hatte von diesen Gadgets[1] gehört, mit denen man seinen Alltag vermessen kann, und dachte mir: cool, was Neues zum Rumspielen."
5 Dieterich erzählt das auf der Bühne, bei einem Treffen der Berliner Quantified-Self-Gruppe. Die Gruppe ist ein loser Zusammenschluss von Männern, die sich etwa alle zwei Monate treffen, um einander in sogenannten Show-and-Tell-Präsentationen zu zeigen, was sie messen, wie sie dabei vorgehen
10 und was sie daraus lernen. Dieterich zeigt sein Jawbone-Armband herum sowie einen Tracker[2], die er beide benutzte, um seine tägliche Aktivität zu messen. Viele im Publikum tragen ein ähnliches Gerät am Handgelenk oder am Hosenbund. Dieterich erzählt, er habe relativ schnell erkannt, dass er nur selten die 10 000 Schritte erreichte, die als Tagespensum für 15 einen gesunden Lebensstil empfohlen werden. Er begann, öfter zu Fuß zu gehen und irgendwann zu joggen. „Ich habe mein ganzes Leben noch keinen Sport getrieben", sagt der Internetberater aus Berlin-Kreuzberg, „aber plötzlich rannte ich über das Tempelhofer Feld. Zuerst, weil ich die Resultate in 20 meiner Statistik sehen konnte, irgendwann dann, weil ich merkte, dass es mir Spaß macht." (…)

Quelle: Von Christoph Koch 23. April 2014 in http://self-tracking-blog.de/2014/04/23/vermesst-euch-in-brand-eins/ vom 6. 11. 2014

---

1 Ein Gadget ist ein kleiner, raffinierter technischer Gegenstand, der auch für Spielereien geeignet ist
2 Ein Tracker ist ein technisches Gerät zur Erfassung der räumlichen Position und Rotation in Umgebungen der virtuellen Realität.

1. Sachtextanalyse

2 Formulieren Sie anhand des Textauszugs eine Definition für „Quantified-Self"! Recherchieren Sie ggf. nach weiteren Informationen! Vergessen Sie bei Nutzung dieser Informationen nicht die korrekte Angabe der Fremdquellen!

_____
_____
_____
_____
_____
_____

Material 2: Under Construction. Mit mobilen Diätcoaches und Fitnessapps zum Körper 2.0

(…) Medial und gesellschaftlich vermittelt, entwickelt sich die Wahl des »richtigen« Lebensstils zur Quelle von Identitätskonstruktion und sozialer Anerkennung: Clean Eating, Bio-Boom und lebenslange Fitness sind nur einige der Schlagworte. In diesem Sinne wird der Körper nicht mehr als biologisches Schicksal, sondern als manipulierbares, reflexives Projekt betrachtet. War in der Geschichte der Schönheit lange die Mode identitätsstiftend, wandelt sich das alte Sprichwort zu »Körper machen Leute«. Der Körper bildet nun das Rohmaterial, das es mithilfe von Disziplin, Körperpraktiken, Ernährung und Technologien zu formen gilt, und befindet sich permanent under construction. Die Disziplinierung durch Andere – beispielsweise Institutionen sowie Expertinnen und Experten der Medizin und Ernährungsberatung – wird dabei mehr und mehr von so genannten self-managingstrategies abgelöst. Verpackt in bunte Interfaces und spielerische Elemente finden sie als mobile und allzeit verfügbare Ratgeber- und Coaching-Apps den Weg in unseren Alltag.

Quantify yourself – Kalorienzählen leicht gemacht.

Während Verbraucherschützerinnen und -schützer noch über die allgemeine Einführung einer Nährwert-Kennzeichnung am Produkt selbst debattieren, haben Smartphone-Nutzende bereits Zugriff auf eine »Ampel to go«, wie etwa Codecheck & QR Scan (codecheck.info). Nach Einscannen des Barcodes werden die Inhaltsstoffe sowie die entsprechende Bewertung via Farbsymbolik angezeigt, um Konsumentinnen und Konsumenten die Kaufentscheidung zu erleichtern und sie zu einem gesunden Ernährungsverhalten zu erziehen. Der Kalorienzähler (fatsecret.de) addiert zudem die Kalorien der aufgenommenen Lebensmittel und symbolisiert über farbliches Feedback, ob der Wert unter dem im Vorfeld ermittelten Tagesbedarf geblieben ist und Kalorien gespart (grün) oder der Tagesbedarf überschritten wurde (rot). Die Bilanz von gewünschtem und unerwünschtem Verhalten sowie der Diäterfolg werden stetig quantifiziert und zudem in Form eines Kurvendiagramms visualisiert. Das Übersetzen der täglichen Ernährung in messbare und visualisierbare Daten – als Konto mit guter oder schlechter Bilanz oder Kurvendiagramm – schafft Evidenz, wirkt als Belohnung oder Sanktion und gibt das Gefühl, Überblick und Kontrolle zu behalten. Während hier weiterhin eine sekundäre Expertin – in Form einer App – maßregelt, arbeiten andere Anwendungen auf psychosozialer Ebene. Sie regen zum Beispiel die Nutzenden gezielt dazu an, das eigene Essen zu fotografieren, und schaffen so eine Ebene der dokumentierten Selbstbeobachtung oder, sofern die Fotos online geteilt werden, sogar eine Form der sozialen Kontrolle sowie eine Plattform der Identitätsdarstellung.

»You don't have to run faster than the bear, just faster than your friends«

Neben dem Gefühl von Autonomie und persönlichen Erfolgen spielt nämlich auch die Anerkennung anderer eine zentrale Rolle im Streben nach Schönheit und Gesundheit. (…) Viele Apps arbeiten mit gezielten, aber spielerischen Motivationselementen. Bei einer gemeisterten Herausforderung oder dem Erreichen eines gesetzten Ziels erhalten Nutzerinnen und Nutzer so genannte trophies und badges: Abzeichen, die den erbrachten Erfolg auch für den Rest der Community sichtbar machen. So dient die Darstellung der Erfolge via Rankinglisten und Auszeichnungen der Übersetzung physischer Fähigkeiten und Ressourcen in abstrakte Symbolsysteme und somit als Quelle sozialer Anerkennung. Das Individuum präsentiert sich bewusst als sportlich, dynamisch und erfolgreich. Der Körper als Sichtbarwerdung der Lebensweise bietet die Möglichkeit, nicht nur den optimierten Körper an sich, sondern auch die dafür erbrachte Leistung zu würdigen. Beide Elemente werden unmittelbar von den mit sozialen Netzwerken gekoppelten Smartphone-Apps aufgegriffen. Das Smartphone-Display mit einem Cluster aus Diät-, Sport- und Lifestyle-Apps wird zur individuellen Kommandozentrale des aktiv gestaltenden Individuums. Apps wie Kalorienzähler, Ernährungsampeln und Joggingspiele bilden durch die klare Vorgabe von Zielen, Zeitplänen und Übungen sowie die detaillierte Generierung von Daten neue Formen der Kontrolle und der allgegenwärtigen Beobachtung, die – durch das Begleitmedium Smartphone in den Alltag eingebunden – so den disziplinierten Körper 2.0 hervorbringen.

Literatur bei der Verfasserin

Quelle: CARINA KÖTTER, Arndtstraße 38a, 58097 Hagen, E-Mail: carina.koetter@googlemail.com
Landesvereinigung für Gesundheit und Akademie für Sozialmedizin Niedersachsen e.V.: Impulse für Gesundheitsförderung. 2. Quartal Juni 2014, S. 9f.

B. Sachtextanalyse – Argumentieren – Erörtern

3 Erschließung des Textes unter teilweiser Anwendung der SQR3-Lesemethode[3]

a) Welche Erwartungen haben Sie aufgrund der Überschrift an den Text?

Überfliegen Sie den Text jetzt als Ganzes. Formulieren Sie danach die Thematik und die Kernaussage! (S = Survey)

Thema:

Kernaussage

b) Markieren Sie zu den folgenden Fragen Schlüsselbegriffe oder Textstellen in verschiedenen Farben!
(Q = Question/Read)

Frage 1	Welchen gesellschaftlichen Hintergrund sieht die Autorin für die QS-Bewegung?
Frage 2	Welche Vorteile von QS werden aufgrund der Nutzung technischer Hilfsmittel gesehen?
Frage 3	Welche Nachteile bzw. Gefahren sieht die Autorin grundsätzlich in QS?

c) Formulieren Sie die entsprechenden Argumente mit eigenen Worten! Stellen Sie sich vor, sie müssten diese Zusammenhänge jemandem (Mitschüler) mündlich erklären. Geben Sie den Textinhalt auswendig wieder.
(Recite/Review)

---

[3] Servey = Einen Überblick gewinnen / Question = Fragen an den Text stellen / Read = Lesen / Recite = Erinnern / Review = Wiederholen

1. Sachtextanalyse

STANDPUNKTE IN ARGUMENTATIVEN SACHTEXTEN ERKENNEN

Die folgenden Textauszüge geben jeweils eine oder mehrere Positionen Pro- oder Kontra-QS wieder.

Material 3: Pro: Ich bin für Selbstdisziplin, weil sie glücklich macht

(…) Selbstdisziplin ist kein schönes Wort, es klingt zwanghaft und nach Selbstkasteiung. Doch wenn etwas gut werden soll, braucht man sie einfach, man braucht sie beim Schreinern, beim Motorradreparieren, beim Kochen einer Carbonara – eingeübte Handgriffe sind nötig, damit diese Dinge gelingen. Um genialische Leistungen zu erbringen, muss ein Mensch angeblich 10.000 Stunden üben. Die Reihen eines Weinbergs, ein exakt geschichteter Holzstoß: brought to you by people with Selbstdisziplin. Glücksforscher sagen, dass Menschen, die sich etwas vornehmen und es bewältigen, in einen Zustand von Selbstvergessenheit geraten, und wenn Apps dabei helfen, besser zu leben, glücklicher zu sein, von seinen Wünschen nicht nur zu labern – warum denn nicht?

Quelle: Heike Faller: Pro und Contra Selbstdisziplin. In: http://www.zeit.de/2013/33/selbstoptimierung-pro-contra, (12.08.2013), vom 06.03.2015

Material 4: Kontra: Ich wäre lieber ein feiner Mensch als ein besserer

(…) Auf meinem iPhone befinden sich mehrere Apps, die mein Leben leichter machen sollen – Apps, die angeblich dabei helfen, seine Tage zu strukturieren, Abläufe zu verbessern und die einen an unangenehme, aber notwendige Dinge erinnern (21 Uhr: Sport!). Ich habe mir diese Apps heruntergeladen, weil ich die Idee, die dahintersteckt, im Prinzip gut finde: Dinge geregelt zu kriegen beziehungsweise sie besser geregelt zu kriegen, auf eine bestimmte Art moderner. Denn ein moderner Mensch möchte man ja schon auch sein, und dazu gehört, dass man mit den Anforderungen der Moderne auch zurechtkommt. Das heißt: effektiv im Beruf sein, ein erfülltes Privatleben haben, dazu gesund sein und sportlich, weil sich das besser anfühlt und attraktiver macht.
Keine von diesen Apps habe ich je benutzt – vielleicht bin ich zu blöd, vielleicht zu faul, vielleicht glaube ich aber auch, dass ein vermeintliches Mehr an Kontrolle des Alltags tatsächlich eher ein Kontrollverlust ist. Ich delegiere die Verantwortung für ein Leben an eine Maschine – und für welches Ziel? Um ein besserer Mensch zu werden (…)?
Wahrscheinlich wäre es sogar wichtiger, ein feiner Mensch werden zu wollen als ein besserer Mensch, aber dafür gibt es keine Apps, keine Programme.

Quelle: Matthias Kalle: Pro und Contra Selbstdisziplin. In: http://www.zeit.de/2013/33/selbstoptimierung-pro-contra, (12.08.2013), vom 06.03.2015

Material 5: Selbstoptimierung: Der vermessene Körper (Auszug)

(…) Merle Wuttke testete Geräte, die den Körper optimieren sollen.
Ich habe eine Beule. (…) Das habe ich diesen Sensoren zu verdanken, die anhand meiner Hirnströme meinen Schlaf analysieren sollen. (…) Nach ein paar Tagen Selbstvermessung lautet meine erste Erkenntnis aber zunächst: Mehr über sich selbst zu erfahren ist ein Haufen Arbeit. Jedenfalls für jemanden wie mich, die Job und Alltag am Laufen, drei Kinder sowie sich selbst bei Laune zu halten hat. Ständig wische ich auf dem Smartphone herum, checke meinen Leistungsstand oder versuche dank der App „80 Bites" täglich mindestens 80-mal zu kauen. Wenn der Dank für diese Arbeit dann eine Beule auf der Stirn ist, gerät das mit der guten Laune schnell zur Herausforderung. Meine Schlafüberwachung übernimmt ab heute jedenfalls ein anderes Gerät: der ZEO Sleep Coach. (…)
Ich ahne es schon, ich schneide nicht gut ab. Für eine schlechte, und somit leider typische Nacht, bekomme ich einen Schlafquotienten von 67 zugewiesen, was angeblich dem Durchschnittswert einer 50-jährigen entspricht – ich bin 37. Mein Schlafcoach zeigt mir außerdem: Insgesamt lag ich sechs Stunden und 42 Minuten im Bett – geschlagene 56 Minuten davon wach – und nur läppische 55 Minuten verbrachte ich im echten Tiefschlaf! Klingt bitter? Klingt nicht nur so. Die Frage ist, was ich mit dem Ergebnis anfange. Bett umstellen? Heiße Honigmilch trinken? Die Kinder abschaffen? Tja, es ist wie immer: Was helfen würde, bekommt bzw. will man nicht. Die App zum ZEO Sleep Coach gibt Tipps, wie man die Schlafqualität verbessern kann, z.B. zu einem anderen Zeitpunkt ins Bett gehen, kein Fernsehen gucken. Hm, so neu ist das nicht. (…)

Quelle: Merle Wuttke: Selbstoptimierung: Der vermessene Körper http://www.brigitte.de/figur/trends/selbstoptimierung-1164932/ (6.3.2013), vom 06.03.2015

B. Sachtextanalyse – Argumentieren – Erörtern

Material 6: Das tollere Ich

(…) Die Idee, sich selbst mithilfe von Protokollen zu kontrollieren, ist uralt: Auch im 37-jährigen Goethe erwachte 1796 eine Art Zwang zur Tagesbilanz. Mehr als 35 Jahre lang notierte er Tag für Tag den Fortschritt seiner Werke, aber auch mit wem er wann zum Essen, zum Tee oder zum Gespräch beisammensaß und welche Spazierwege er zur Erholung abschritt. Über den – völlig willkürlich ausgewählten – 30. Juni 1810 erfährt man: „Wanderjahre. Mittags bei Hofrat Joel, in Gesellschaft von Fürst Moritz Liechtenstein, Kinsky, Graf Colloredo, Polizeikommissär Hoch. Paket nach Lauchstädt an meine Frau durch Herrn von Helldorf, mit Schokolade, Pfeffermünze und einem Glase nebst Brief. Spazieren." In diesem Stile füllte Goethe Tausende von Seiten. Bis das Protokoll sechs Tage vor seinem Tod im Jahr 1832 mit den schlichten Worten endet: „16. März: Den ganzen Tag wegen Unwohlseyns im Bette zugebracht." (…)

Quelle: Julia Friedrichs: Das tollere Ich. In: ZEITmagazin N° 33/2013, vom 06.03.2015

4 Arbeiten Sie jeweils die Argumente für oder gegen QS aus den drei Texten heraus. Vermerken Sie jeweils, ob es sich um Pro- oder Kontraargumente handelt.

Material 1 — PRO/KONTRA

Material 2 — PRO/KONTRA

Material 3 — PRO/KONTRA

Material 4 — PRO/KONTRA

1. Sachtextanalyse

TEXTANALYSE ALS VORBEREITUNG FÜR DIE ERÖRTERUNG EINES ARGUMENTIERENDEN TEXTES

Bevor Sie das Problem eines Textes erörtern können, muss er genau analysiert werden. Lesen Sie zunächst die Aufgaben 5 a–c (S. 23) zu dem folgenden Text.

Text	Sinnabschnitt

Glosse

„Sie Prachtexemplar des Big-Data-Zeitalters!"

Eine Beschimpfung des Selbstvermessers
Von Arno Orzessek

Ein Selbstvermesser gleicht in seinem Wahn einer Ratte in einer Skinner-Box. In diesen reizarmen Behältern trainieren Wissenschaftler den Tieren neue Verhaltensweisen an. Nichts anderes mache das Lifestyle-Business mit Menschen, schimpft Arno Orzessek.

	Beschreibung der eigenen bevorzugten Verhaltensweisen

Vorab die Bekenntnisse eines Mess-Muffels.
Ich besitze seit Jahrzehnten keine Armbanduhr und bin im neuen Jahrtausend noch nicht auf die Waage gestiegen. Ich trinke gern ohne fixes Limit und meide Intelligenz-Tests. Mein erster Blutdruck-Test vor Jahren
5 war so unerfreulich, dass ich den zweiten verweigert habe.
Es geht mir dabei gut. Präziser: Ich fühle mich altersgerecht angeraspelt. Bei McFit lasse ich es manchmal krachen, bis ich Blut auf der Zunge schmecke. –
Und nun zu Ihnen, lieber Selbstvermesser. Ich halte Sie im Grunde für
10 komplett plemplem – und möchte Ihnen gezielt zu nahe treten.
Sollten Sie dieses neue Gadget haben, das den Radius Ihrer Zornesadern misst – schalten Sie es zur Selbst-Kontrolle bitte ein! Denn diese Beschimpfung dauert jetzt noch drei Minuten.
Ach ja, wenn Sie beim Zuhören je 30 Liegestütze, Klappmesser und Knie-
15 beugen machen, stärken Sie Ihre Body-and-Mind-Multitasking-Fitness und verbrennen an die 20 Kalorien.
Und die machen sich in Ihrem elektronischen Produktivitäts-Protokoll sicher besser als der handgetippte Eintrag: Im Radio durchschaut worden; hoher Stressfaktor; Selbstzweifel, Wut.
Wir wollen hier nämlich festhalten, dass Sie in Ihrem Vermessungs-Wahn der Ratte in der Skinner-Box gleichen.
20 Das sagt Ihnen nichts? Kein Wunder! Die Skinner-Box ist ein reizarmer Käfig, in dem Wissenschaftler Ratten beliebig neues Verhalten antrainieren. Und zwar durch stupide Belohnung und Bestrafung.
Furztrockene, grotesk irrelevante Messdaten
Genau das macht das Lifestyle-Business mit Ihnen, Sie Käfigratte. All die tollen Tools, irren Tracker und bunten Apps konzentrieren Ihre Aufmerksamkeit auf furztrockene, für den gesunden Menschen – und Verstand –
25 grotesk irrelevante Messdaten, die sich zum Reichtum des Daseins schäbiger verhalten als die berühmte graue Theorie zu des Lebens grünem Baum. Zahlen sind objektiv, na klar! Aber Sie, Sie sind ein Subjekt – verstehen Sie das Problem? Während Sie Ihr heiliges Buch, das Produktivitäts-Protokoll, stündlich mit Zahlen füllen, entleert sich Ihr spirituelles Selbst. Ihr Wille
30 will nur noch … die Zahlen verbessern. Das ist der Zweck, Ihr Körper ist das Mittel. Und Sie im engeren Sinne – als widerspenstiges, unberechenbares, herrliches Psyche-Soma-Kuddelmuddel, als das Sie einst Ihre Mutter gebar – Sie zählen nicht.

Als gläubiges Mitglied der Quantified-Self-Gemeinschaft dürfte Ihnen die Ähnlichkeit zwischen QS und Scientology kaum auffallen. Außenstehende aber erkennen: Beide Psycho-Sekten züchten gleichgeschaltete Menschenratten und verkaufen – so macht das übrigens jeder, sagen wir, Gesinnungsfaschismus – die Gleichschaltung als Glück.

Weshalb Sie, lieber Selbstvermesser, Ihren angeborenen Geschmack für Müßiggang, Disziplinlosigkeit, Übertretung, Pommes rot-weiß und verkaterte Tage im Bett verloren haben. Ihr Schönheitsbegriff ist auf Men's Health-Niveau hinabgestürzt, Ihrem verkümmerten Geist verleiht nur noch Red Bull Flügel, Ihr Menschenbild ist der fitte Hampelmann des Sportartikel-Marketings.

Totale Selbstvermessung ist wirklich totaler Quatsch. Und warum ist das nur logisch, Sie borniert Zahlenspießer? Weil zwischen Quantität und Qualität kein quantitativer, sondern – bingo! – ein qualitativer Unterschied besteht.

Eine Nummer ohne Wert

Quantified-Self-Exzesse optimieren die Daten-Quantität, bis sich das letzte Bisschen Abenteuer, Zufall, Freiheit verflüchtigt. Quantität rauf, Qualität raus. So werden Sie ein Prachtexemplar des Big-Data-Zeitalters, lieber Freund: eine Nummer ohne Wert.

Als solcher durchschauen Sie das, was von Ihnen übrig blieb – die paar Daten-Myriaden –, natürlich vollständig. Aber wer sich so durchschaut, schaut durch nichts.

Merke: QS kürzt nicht nur Quantified-Self ab, sondern auch quantum satis. Das ist zu Deutsch: ‚so viel wie nötig' oder ‚so viel, wie es nützt'. Und nicht etwa ‚so viel wie möglich', Freundchen!

Okay. Kontrollieren Sie jetzt bitte Ihre Werte. Achten Sie vor allem auf Galle im Blut.

Und übrigens: Falls wir uns demnächst im Fitness-Studio begegnen, halte ich es natürlich mit Vladimir Klitschko: „Auch eine Faust bleibt immer eine Hand – und die reiche ich jedem." Selbst vermessenen Selbstvermessern.

http://www.deutschlandradiokultur.de/glosse-sie-prachtexemplar-des-big-data-zeitalters.1046.de.html?dram:article_id=272834; 23.12.2013, vom 02.10.2014

1. Sachtextanalyse

5 Erschließung des Textes unter Anwendung der SQR3-Lesemethode!

a) Welche Erwartungen haben Sie aufgrund der Überschrift und der Textsorte an den Text? Informieren Sie sich ggf. über die Textsorte „Glosse"! Formulieren Sie in Stichworten.

___

b) Lesen Sie den Text als Ganzes! Formulieren Sie danach die Thematik und die Kernaussage sowie die Intention (Argumentationsziel, Adressatenbezug) des Autors (S = Survey)!

Thematik:

___

Kernaussage:

___

Intention:

___

c) Markieren Sie zu den folgenden Fragen Schlüsselbegriffe oder Textstellen in verschiedenen Farben. Formulieren Sie weitere Fragen an den Text. (Q = Question)
- Welche Argumente nennt *Orzessek*?
- Welche Argumentationsstützen (Belege) lassen sich finden?

  –

___

d) Lesen Sie den Text nun ganz genau. Bilden Sie Sinnabschnitte und formulieren Sie dafür jeweils eine Überschrift, die Sie in die Zeilen rechts neben dem Text eintragen. Markieren Sie anschließend Antworten zu Aufgabe c). (Recite)

B. Sachtextanalyse – Argumentieren – Erörtern

e) Vervollständigen Sie stichwortartig den Argumentationsgang! Geben Sie den Text anhand der Skizze mündlich wieder! (Review)

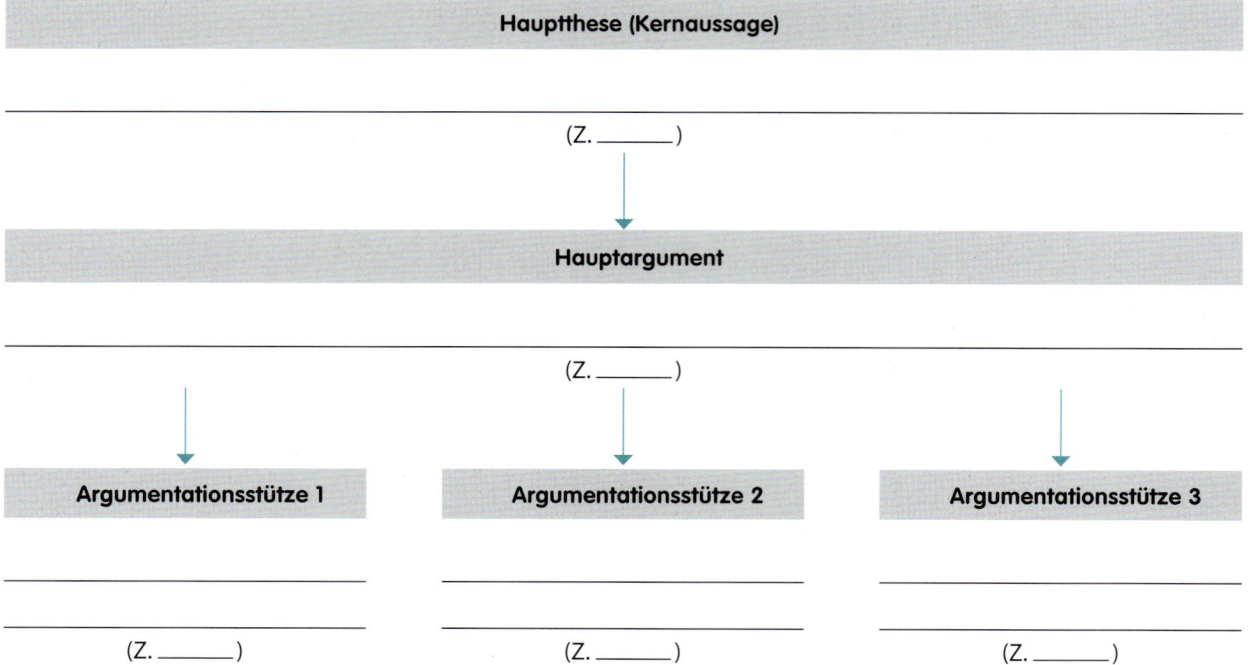

f) Bereiten Sie die Sprachanalyse vor, indem Sie einige aussagekräftige sprachliche Mittel intentionsbezogen bestimmen. Übertragen Sie die folgende Tabelle zur Unterstützung in Ihr Heft und vervollständigen Sie sie. Sie können Ihre Analyseergebnisse auch direkt auf einem Blatt notieren, das Sie neben den Text legen.

Sprachliches Mittel	Textstellen	Wirkungsabsicht
Kommunikation mit dem Leser / Stilebene		
Ich-Form	Xxx	Betonung der eigenen Unabhängigkeit/Abgrenzung
Wir-Form	Xxx „Wir wollen nämlich …"	Formulierungsmodus von Messergebnissen. Wirkt hier ironisch
Umgangssprache		
Wortfiguren		
Neologismen	Xxx „Selbstvermesser" xxx	Abwertung des Lesers
Fachbegriffe		
Anglizismen		
Bildfiguren		
Metapher	Xxx „lasse es mal krachen"	Darstellung des grenzüberschreitenden Trainingsverhaltens
Satzfiguren		
Alliteration	Xxx „altersgerecht angeraspelt"	pointierte Bekenntnis zum realen Alter
Anapher	Xxx „Ich – Ich" …	Betonung der eigenen Unabhängigkeit/Abgrenzung

2. Argumentieren und Erörtern

Bezugstext: Arno Orzessek, „Sie Prachtexemplar des Big-Data-Zeitalters!" (→ 1. Sachtextanalyse, S. 21 f.)

Folgende Aufgabenstellung könnte Ihnen bei der schriftlichen Fachabiturprüfung zum Erwerb der Fachhochschulreife vorliegen:

① Geben Sie einen Überblick über die Textsorte, die Thematik und die Kernaussage.
② Untersuchen Sie die Intention des Autors und wie er sie sprachlich umsetzt.
③ Erörtern Sie die Position des Autors: Führen Verfahren zur persönlichen Selbstoptimierung zu einer Verbesserung oder einer Verschlechterung der Lebensqualität?

EINE ANTITHETISCHE ERÖRTERUNG VORBEREITEN

6 Anknüpfen an die Analyse des Bezugstextes (Aufgabe 5) Stellen Sie stichwortartig die von Ihnen bereits erarbeiteten Ergebnisse zusammen.

- **Textsorte** (und deren typische Merkmale):

Glosse: polemische, oft spöttische und boshafte Kommentierung …

- **Thematik/Problemstellung:**

- **Kernaussage** (vom Autor vertretene **These**):

Der Trend zur Körperoptimierung durch die sogenannte Quantified-Self-Bewegung führt nicht zu einem erfüllteren Leben, sondern …

- **Intention des Autors (Argumentationsziel, Adressatenbezug):**

- **Sprachliche Umsetzung / rhetorische Gestaltung** der Argumentation:

B. Sachtextanalyse – Argumentieren – Erörtern

7 Die eigene Position vorläufig bestimmen. Umreißen Sie knapp: Welche Position vertreten Sie eher? Stimmen Sie Orzesseks These (Selbstoptimierung führt zu keinem erfüllteren Leben!) zu, oder widersprechen Sie ihr und vertreten die Gegenthese (Selbstoptimierung verbessert das Leben!)?

_____
_____
_____
_____
_____

8 Stoffsammlung I: Im Bezugstext verwendete Argumente (Belege und Beispiele): Stellen Sie stichwortartig zusammen:

a) **PRO** – Mit welchen Hauptargumenten (HA) und Teilargumenten (TA) stützt Orzessek seine These?

PRO-HA: Statt erfüllteres Leben Fremdbestimmung des eigenen Handelns (TA: Vergleich QS-Anhänger mit Ratte in Skinner-Box, …)

_____
_____

PRO: _____
_____
_____
_____
_____
_____

b) **KONTRA** – Welche möglichen Gegenargumente (zur Stützung der Gegenthese) spricht Orzessek an:

KONTRA-HA: Objektivität, Faktizität der Messdaten (TA: Kalorienverbrauch, …)

_____

KONTRA-HA: _____
_____

9 Stoffsammlung II: Weitere Haupt- und Teilargumente für Pro und Kontra:
Ergänzen Sie Pro und Kontra um weitere Argumente, die Orzesseks Position unterstützen oder bestreiten (Tipp: Sie haben zumindest einige davon bei Ihrer Beschäftigung mit dem Thema im Sachtextkapitel erarbeitet).

PRO:

– *ständige Selbstvermessung bereitet Arbeit und verdirbt die Laune (Wuttke)*

_____
_____
_____
_____

2. Argumentieren und Erörtern

KONTRA:

– self-managing strategies ermöglichen Befreiung von Disziplinierung durch andere (Kötter)

– Daten offenbaren Dinge, die einem selbst nicht bewusst gewesen sind und ggf. leicht zur Verbesserung der Lebensqualität zu ändern sind, z. B. Scannen und Auswerten von Nährwertkennzeichnungen bei Lebensmitteln (Kötter, Friedrichs)

10 Die Stoffsammlung ordnen:

a) Bestimmen Sie endgültig Ihre eigene Position: Führen Verfahren zur persönlichen Selbstoptimierung zu einer Verbesserung oder einer Verschlechterung der Lebensqualität?
Wählen Sie nun von allen *Hauptargumenten in Stoffsammlung I und II mindestens drei Pro- und drei Kontra-Argumente* (einschließlich der jeweils dazugehörigen Teilargumente) aus, die ihnen am aussagekräftigsten erscheinen.
Kennzeichnen Sie sie mit PRO-HA 1 (PRO-TA1, PRO-TA2, ..), PRO-HA 2 … bzw. KONTRA-HA 1 (KONTRA-TA1, …).
Sie können die Pro- und Kontra-Argumente auch zusätzlich mit zwei verschiedenen Farben markieren.

b) Legen Sie die **Rangfolge** fest: Welche der von Ihnen ausgewählten Hauptargumente stützen bzw. widerlegen die von Orzessek vertretene These am stärksten bzw. am schwächsten? Tragen Sie ihre Ergebnisse in die folgende Tabelle ein.

These: Körperoptimierung durch die sogenannte Quantified-Self-Bewegung führt nicht zu einem erfüllteren Leben, sondern zu Abhängigkeit und zum Verlust von Lebensqualität.	
• stärkstes PRO-HA	• stärkstes KONTRA-HA
• „mittleres" PRO-HA	• „mittleres" KONTRA-HA
• schwächstes PRO-HA	• schwächstes KONTR-HA
➜ für die These	➜ gegen die These (und für die Gegenthese)

B. Sachtextanalyse – Argumentieren – Erörtern

Eine Gliederung erstellen

11 a) Vergegenwärtigen Sie sich die Bauform einer antithetischen Erörterung nach dem **Sanduhrprinzip**.

b) Erschließen Sie die Position, die der Verfasser des folgenden Gliederungsentwurfs vertreten will. Vervollständigen Sie die Gliederung um fehlende Haupt- und Teilargumente sowie um Aspekte für die Einleitung und den Schluss, sodass sich eine überzeugende Argumentation ergibt.

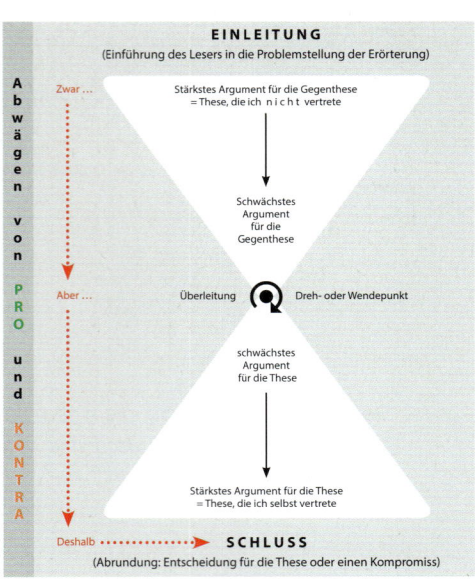

Einleitung:

– aktueller Trend: Selbstoptimierung mithilfe von Smartphones und Apps
– Problemstellung: unterschiedliche Bewertungen, ob Selbstoptimierung zu einer Verbesserung oder Verschlechterung der Lebensqualität führt
– …

1. Hauptteil: Argumente zur Gegenthese

1.1 KONTRA-HA: *QS-Anhänger verlieren als „gleichgeschaltete Menschenratten" (Orzessek) ihre individuellen Interessen und orientieren sich an einem oberflächlichen Schönheitsbegriff.*

1.1.1 KONTRA-TA: *Konzentration auf für normale Menschen „irrelevante Messdaten" (Orzessek)*

1.1.2 KONTRA-TA: _____

1.2 KONTRA-HA: _____

1.2.1 KONTRA-TA: _____

1.2.2 KONTRA-TA: _____

1.3 KONTRA-H: *Ständige Selbstvermessung sowie Eingabe und Auswertung von Daten bereitet viel Arbeit und verdirbt die Laune …*

1.3.1 KONTRA-TA: _____

1.3.2 KONTRA-TA: _____

Drehpunkt

2. Hauptteil: Argumente zur These

2.1 PRO-HA: *Selbstkontrolle durch schriftliche Aufzeichnungen gab es schon früher*

2.1.1 PRO-TA: *Tagebuchaufzeichnungen über Verhaltensgewohnheiten schon bei Goethe*

2.1.2 PRO-TA: _____

2.2 PRO-HA: _____

2.2.1 PRO-TA: _____

2.2.2 PRO-TA: _____

2.3 PRO-HA: *Selbstoptimierung fördert Selbstdisziplin und befreit dadurch von Disziplinierung durch andere (z. B. Ernährungsexperten, Mediziner, …)*

2.3.1 PRO-TA: _____

2.3.2 PRO-TA: _____

Schluss

– *Orzessek deutet Kompromiss an: Hinweis auf gemäßigten Umgang mit QS-Methoden*

– _____

3. Eine Erörterung schreiben und überarbeiten

EINLEITUNG

> **▶ Wissen**
>
> Die **Einleitung** holt den Leser ab und **führt** ihn **zum Thema** hin. Dazu
> - **muss sie die Bedeutung des Themas und dessen Strittigkeit erläutern sowie die Position klar benennen,** die der Verfasser des Bezugstextes vertritt,
> - kann sie an aktuelle Ereignisse oder Diskussionen anknüpfen,
> - kann sie auf die Interessenlage von Adressaten oder Betroffenen eingehen usw.

12 a) Kommentieren und verbessern Sie die folgenden Einleitungen: Inwiefern gelingt es ihnen (nicht), die Anforderungen an eine Einleitung – auch sprachlich – zu erfüllen und den Stichworten in der Gliederung (S. 28) zu entsprechen?

A Ich persönlich finde es als junger Mensch einfach toll, dass ich nur auf mein Smartphone gucken muss, wenn ich mit dem Fahrrad nach Hause komme, und sofort weiß, wie viel Kalorien ich gerade verbrannt habe. Ich kann mir dann nämlich ohne schlechtes Gewissen ein paar Pommes reinziehen. Und wenn ich dann zu viel gefuttert habe, fahr ich eben noch eine Runde und optimiere mich selbst. Das alles macht doch echt Spaß! Was gibt es denn daran auszusetzen? Aber andere sehen das anders. Wie Arno Orzessek, der sich angeraspelt fühlt und es lieber bei McFit richtig krachen lässt. Deshalb will ich mich mit dieser Frage im Folgenden näher beschäftigen.

B Sicher kann man unterschiedlich darüber denken, ob Selbstoptimierung durch Handys und Apps wirklich nur positiv oder auch negativ ist. Das Leben besteht schließlich nicht nur aus Zahlen, aber was Arno Orzessek da macht, ist einfach eine Unverschämtheit. Er kann doch jemanden, nur weil er anders denkt als er selbst, nicht als Ratte beleidigen oder vulgäre Wörter wie „furztrocken" verwenden! Dann macht er auch noch Schleichwerbung für „Red Bull". Überhaupt ist seine Argumentation widersprüchlich und völlig unklar, denn erst beschimpft er seine Gegner und dann will er ihnen auch noch die Hand geben! Da hier vieles ungereimt bleibt, will ich versuchen, Klarheit in die Sache zu bringen, und werde die Frage erörtern, ob der Trend zur Körperoptimierung zu einem guten oder schlechten Leben führt.

C Immer schon haben alle gewusst, dass es gesünder ist, regelmäßig Sport zu treiben und dabei aufzupassen, was und wie viel man isst. Der Gedanke der Selbstoptimierung ist also keineswegs neu. Seit einigen Jahren aber ermöglichen Smartphones und entsprechende Apps in einer zuvor nicht dagewesenen Weise das Sammeln von persönlichen Daten über die Essgewohnheiten, Kalorienzufuhr und -verbrauch, die Pulsfrequenz, die Zahl der an einem Tag zurückgelegten Schritte und vieles mehr. Vor allem junge Menschen, die Freude an moderner Technik haben und Wert auf ihre eigene Fitness legen, finden es cool, dass man durch die Tracker alles perfekt unter Kontrolle hat. Es gibt aber auch Kritiker dieser Quantified-Self-Bewegung, die die Position vertreten, dass die Orientierung an solchen Daten zu keiner Optimierung, sondern zu einer Verschlechterung der eigenen Lebensqualität führe. Zu diesen Kritikern zählt Arno Orzessek.

B. Sachtextanalyse – Argumentieren – Erörtern

b) Formulieren Sie selbst eine Einleitung. Sie können dabei auf aus Ihrer Sicht gelungene Gedanken und Formulierungen der Texte (zu Aufgabe 12 a) zurückgreifen.

_____
_____
_____
_____
_____
_____
_____
_____

HAUPTTEIL: DIE ARGUMENTATION FORMULIEREN

> ▶ **Wissen**
>
> **Argumente formulieren I:**
>
> Bei einer **textbezogenen Erörterung** geht es darum, die im Bezugstext geäußerte Position zu einer Streitfrage kritisch zu untersuchen. Deshalb ist es wichtig,
> (1.) die **zentrale These und die wichtigsten Argumente aus dem Bezugstext** klar herauszustellen und zugleich
> (2.) deutlich **als subjektive Bewertung des Verfassers zu kennzeichnen.**
> Für den Leser der Erörterung muss eindeutig erkennbar sein, ob es sich um ein Argument aus dem Bezugstext handelt (gekennzeichnet als Zitat oder durch einen entsprechenden Verweis oder durch Wiedergabe in indirekter Rede) oder um eines vom Schreiber der Erörterung.
> Auch wenn der Schreiber der Erörterung sich im Schlussteil der im Bezugstext vertretenen Argumentation anschließen sollte, darf er diese nicht distanzlos als eigene übernehmen, sondern muss sie ergänzend nicht nur durch zusätzliche Argumente stützen, sondern auch in Frage stellen.
> Seine eigene Position und seine eigenen subjektiven Wertungen äußert der Schreiber der Erörterung erst im Schlussteil als Ergebnis der möglichst objektiven Gegenüberstellung von Pro und Kontra.

13 a) Untersuchen und kommentieren Sie den folgenden Argumentationsblock für die Gegenthese (s. Gliederung: 1.1, S. 28) nach den oben genannten Kriterien.

Arno Orzessek ist ein Gegner der Quantified-Self-Bewegung. Er vertritt in seiner Glosse die These, der durch die Quantified-Self-Bewegung ausgelöste Trend zur Körperoptimierung führe nicht zu einem erfüllteren Leben, sondern zu Abhängigkeit und zum Verlust von Lebensqualität. Orzesseks provozierendes Hauptargument für seine Ablehnung des Datensammelns lautet, dass QS-Anhänger durch den gemeinsamen „Vermessungswahn" (Z. 18) zu „gleichgeschalteten Menschenratten" (Z. 36 f.) werden. Sie verlieren so ihre individuellen Interessen und orientieren sich nur noch an einem oberflächlichen Schönheitsbegriff aus Illustrierten oder der Werbung. In dem Punkt muss ich Orzesseks polemischer Kritik recht geben. Es ist sicher nicht nachzuvollziehen, dass gesunde Menschen mit gesundem Menschenverstand ihre Aufmerksamkeit nur noch auf furztrockene und grotesk irrelevante Messdaten konzentrieren …

3. Eine Erörterung schreiben und überarbeiten

b) Überarbeiten Sie den Argumentationsblock 1.1: Formulieren Sie misslungene Passagen neu und ergänzen Sie weitere Teilargumente mithilfe Ihrer Stoffsammlung.

_____
_____
_____
_____
_____
_____
_____
_____

c) Formulieren Sie auf einem Extrablatt mithilfe Ihrer Stoffsammlung den Argumentationsblock 1.2. (s. S. 26 f.).

> ▶ **Wissen**
>
> **Argumente formulieren II:**
>
> Stichhaltiges Argumentieren erfordert **präzise sprachliche Verknüpfungen**, und zwar besonders zur Kennzeichnung
> - der **Rangfolge** von Argumenten (Das Hauptargument …, Nicht von zentraler Bedeutung, aber dennoch erwähnenswert ist …, Ergänzend …)
> - von **Begründungen** (Aus diesem Grund …, deshalb …, daher …, weil …)
> - von **Schlussfolgerungen** (folglich …, also …, daraus ergibt sich …)
> - von **Bedingungen** (wenn … dann, falls …)
> - von **Einschränkungen** (Allerdings ist zu berücksichtigen …, jedoch muss man feststellen..)
> - von **Gegensätzen** (einerseits … andererseits …, zwar … aber …, obwohl …, … dennoch)
> - von **Zusammenfassungen** (Alles in allem …, zusammenfassend kann man sagen, dass..)
> - von **Belegen** (zum Beispiel …, das sieht man daran, dass …).
> - Vermeiden sollte man nur aufzählende und reihende Verknüpfungen (wie z. B.: außerdem …, auch …).

d) Ergänzen Sie bei dem folgenden Erörterungsausschnitt die fehlenden Verknüpfungen, sodass der Drehpunkt (s. Gliederung: 1.3 und 2.1, S. 28) gedanklich und sprachlich klar gestaltet ist.

[…] Am Rande / _____ bleibt noch festzustellen, dass nach Auskunft von Betroffenen die ständige Selbstvermessung sowie die Eingabe und Auswertung von Daten viel Arbeit bereiten und die Laune verderben kann. _____ jemand durch Ausbildung, Beruf oder Familie stark eingebunden ist, hat er oftmals keine Zeit dazu. _____ reagieren viele ungeduldig und gereizt. _____ will man die Daten zur Selbstoptimierung nutzen, _____ sorgt ein zu großer Aufwand für ein Sinken der Motivation. _____ ergibt sich für manchen aus dieser Zusatzbelastung tatsächlich eine Verschlechterung der Lebensqualität.

_____ es _____ gute Argumente gegen die Ziele und Methoden der QS-Bewegung gibt, existieren _____ plausible Gründe, an der eigenen Körperoptimierung zu arbeiten.

_____ bleibt festzustellen, dass es schon früher eine Selbstkontrolle durch schriftliche Aufzeichnungen gab. _____ kann man Goethe nennen, der in seinen Tagebuchaufzeichnungen seine Essgewohnheiten und körperlichen Aktivitäten notierte. _____ ist diese Art der Selbstoptimierung keineswegs eine Erfindung der QS-Bewegung …

B. Sachtextanalyse – Argumentieren – Erörtern

e) Ergänzen Sie den noch unvollständigen Argumentationsblock (2.1) um ein weiteres Teilargument. Formulieren Sie dann mithilfe Ihrer Stoffsammlung den fehlenden Argumentationsblock 2.2 (Haupt- und Teilargumente). Beachten Sie dabei die Formulierungshinweise I und II (s. S. 30 f.).

keineswegs eine Erfindung der QS-Bewegung ...

_____

_____

_____

_____

2.2 ➜ Anknüpfen an 2.1: _____

_____

_____

_____

_____

_____

_____

_____

_____

_____

_____

_____

> **▶ Wissen**
>
> **Argumente formulieren III:**
>
> Damit eine Argumentation überzeugt, empfiehlt es sich, auf allzu einseitige Darstellungen, Übertreibungen, Generalisierungen und starke Dramatisierungen zu verzichten, da sie die Glaubwürdigkeit mindern.

f) Untersuchen und kommentieren Sie Argumentationsblock 2.3 vor allem unter dem Gesichtspunkt seiner Überzeugungskraft und Glaubwürdigkeit. Berücksichtigen Sie aber auch die Formulierungshinweise I und II (s. S. 30 f.).

Das bedeutsamste Argument zur Widerlegung von Orzesseks These, der Trend zur Körperoptimierung führe zu Abhängigkeit und zum Verlust von Lebensqualität, besteht darin, dass die von ihm kritisierten Verhaltensweisen genau das Gegenteil bewirken, nämlich das Glück, von der Disziplinierung durch andere befreit zu sein. Wer kennt sie nicht: die ständige, unerträgliche Bevormundung durch andere, insbesondere durch Eltern und Lehrer? Tu dies nicht, lass das, das ist nicht gut für dich! Da kommt man sich wirklich wie eine elende Ratte im Käfig vor! Wenn ich meinem angeborenen Geschmack für Müßiggang und Disziplinlosigkeit folgen will, dann tue ich das eben. Und wenn ich Mega-Appetit auf Pommes-rot-weiß habe, dann kann mich kein Ernährungsexperte oder Mediziner der Welt davon abhalten. Wenn schon Kontrolle, dann Selbstkontrolle aus freien Stücken – basta! Von außen erzwungene Verhaltensweisen führen nie zum Erfolg. Aber Selbstdisziplin zu beweisen, das ist der Schlüssel zum Erfolg!

3. Eine Erörterung schreiben und überarbeiten

g) Überarbeiten Sie den Argumentationsblock 2.3: Formulieren Sie misslungene Passagen neu und ergänzen Sie weitere Teilargumente mithilfe Ihrer Stoffsammlung.

SCHLUSS

▶ Wissen

Der **Schluss** rundet die Erörterung ab. Dazu kann der Schreiber zunächst auf die Einleitung mit der Ausgangsfragestellung zurückgreifen, die Argumentation zusammenfassen oder auf Argumente verweisen, die für die eigene Position ausschlaggebend sind. (Es dürfen aber keine neuen Argumente mehr eingebracht werden!)
Auf dieser Grundlage **wägt** der Schreiber des Schlusses aus seiner Sicht Pro und Kontra ab und bezieht persönlich Position, indem er entweder die (durch das letzte Argument gestützte) These vertritt oder eine Synthese formuliert, die oft aus einer Kompromisslösung besteht. Er muss auf jeden Fall seine **persönliche Positionierung nachvollziehbar begründen**.
Es reicht z. B. nicht aus, die These einfach zu bestätigen.

14 a) Kommentieren und verbessern Sie die folgenden Schlüsse mithilfe der oben genannten Kriterien: Inwiefern gelingt es ihnen (nicht), die Erörterung der Fragestellung „Führen Verfahren zur persönlichen Selbstoptimierung zu einer Verbesserung oder einer Verschlechterung der Lebensqualität?" nachvollziehbar und sprachlich angemessen abzurunden?

A Fazit: Wie meine Erörterung gezeigt hat, gibt es Gründe für und gegen eine körperliche Selbstoptimierung mithilfe von QS-Methoden und Apps. Mir persönlich ist das Ganze ziemlich egal, weil ich weder ein Smartphone habe noch die entsprechenden Apps. Eigentlich würde ich eher Arno Orzessek zustimmen, weil mir sein provokativer Stil gut gefällt. Aber ich finde die ganze Sache schon recht interessant und würde sie gerne einmal ausprobieren, wenn ich Gelegenheit dazu hätte. Abschließend komme ich daher zu dem Entschluss, dass es besser ist, Selbstdisziplin zu üben, anstatt sich von anderen fremdbestimmen zu lassen.

B. Sachtextanalyse – Argumentieren – Erörtern

B Die Erörterung hat gezeigt, wie strittig die Frage ist, ob Verfahren zur persönlichen Selbstoptimierung zu einer Verbesserung oder Verschlechterung der Lebensqualität, zu mehr oder weniger Selbstbestimmung führen. Für beide Seiten lassen sich überzeugende Argumente anführen. Auch ich persönlich bin der Meinung, dass es besser ist, Selbstdisziplin zu üben, als nur äußerem Druck zu folgen, und dass man besonders glücklich ist, wenn man einen Erfolg aus eigener Kraft erreicht hat. Aber trotz aller Provokation und Polemik, die eigentlich nur gut gemeint sind, hat auch Arno Orzessek recht, wenn er darauf hinweist, dass ein übertriebener „Vermessungswahn" weder vernünftig ist noch freier oder glücklicher macht. Orzessek selbst deutet einen sinnvollen Kompromiss an: „so viel wie nötig oder so viel, wie es nützt". Ein gemäßigter Umgang mit QS-Methoden kann durchaus sinnvoll sein, solange man sich nicht völlig davon beherrschen und überfordern lässt.

b) Formulieren Sie selbst einen aus Ihrer Sicht passenden Schluss. Sie können dabei auf Gedanken und Formulierungen der Texte (in 14 a) zurückgreifen.

C. Materialgestütztes Schreiben

1. Informierendes Schreiben

Eine regionale Tageszeitung veröffentlicht in sechs aufeinanderfolgenden Ausgaben eine informierende Artikelserie zum Internet, gedacht vor allem für Eltern mit nur geringen Kenntnissen.
Schreiben Sie auf der Basis der folgenden Materialien und eigener Kenntnisse den informierenden Artikel über „Soziale Netzwerke"; der Artikel sollte etwa 800 Wörter umfassen.

1 Bereiten Sie den Artikel mit der Auswertung der folgenden Materialien vor.
   a) Analysieren Sie zunächst die Aufgabenstellung:

   Art des Textes (Textsorte): _____

   Thema der Textserie und des zu schreibenden Textes: _____

   Adressatenbeschreibung: _____

   Textlänge: _____

   b) Entscheiden Sie durch Ankreuzen, welche Materialien Ihnen zur Erstellung des Artikels geeignet scheinen.

   c) Markieren Sie in den ausgewählten Materialien Textstellen, die Sie mit Blick auf die Aufgabenanalyse zur Verwendung in Ihrem Artikel für geeignet halten.

2 Fassen Sie auf den folgenden Seiten unter jedem einzelnen ausgewählten Material (1–7) die markierten Textstellen stichwortartig zusammen.

Material 1: Aus Wikipedia

Ein **soziales Netzwerk** bzw. **Social Network** (deutsch: **gemeinschaftliches Netzwerk**) im Internet ist eine lose Verbindung von Menschen in einer Online-Community. Handelt es sich um Netzwerke, bei denen die Benutzer gemeinsam eigene Inhalte erstellen, bezeichnet man diese auch als soziale Medien. Das weltweit größte soziale Netzwerk mit über einer Milliarde Mitgliedern ist Facebook.[...] Soziale Netzwerke stehen für eine Form von Netzgemeinschaften (Online-Communitys), die technisch durch Webanwendungen oder Portale abgebildet werden. Im Englischen existiert der präzisere Begriff des *social network service* (SNS), deutsche Begriffe wie „Gemeinschaftsportal" oder „Online-Kontaktnetzwerk" sind kaum gebräuchlich. Die bekanntesten Dienste in Deutschland sind Facebook, Netlog, wer-kennt-wen (abgeschaltet am 2. Juni 2014), Jappy, Twitter, XING, Google+, MySpace, Flickr, LinkedIn, Pinterest sowie studiVZ/meinVZ (das zugehörige Netzwerk schülerVZ wurde 2013 abgeschaltet).
Die Webportale bieten ihren Nutzern üblicherweise folgende Funktionen an:

- *Persönliches Profil* mit diversen Einstellungen zur Sichtbarkeit für Mitglieder der Netzgemeinschaft oder generell der Öffentlichkeit des Netzes.

- *Kontaktliste* oder *Adressbuch* samt Funktionen, mit denen die Verbindungen zu den hier verzeichneten Mitgliedern der Netzgemeinschaft (etwa Freunde, Bekannte, Kollegen usw.) verwaltet werden können (etwa Datenimport aus dem E-Mail-Konto oder anderen Portalen).

C. Materialgestütztes Schreiben

- Empfang und Versand von *Nachrichten* an andere Mitglieder (einzeln, an alle, usw.).
- Empfang und Versand von *Benachrichtigungen über diverse Ereignisse* (Profiländerungen, eingestellte Bilder, Videos, Kritiken, Anklopfen usw.).
- Blogs oder Mikroblogging-Funktionen bzw. das Veröffentlichen von einzelnen Statusaktualisierungen.
- *Social Gaming* dient zur Kommunikation und Kooperation der Plattformnutzer. Vorrangiges Ziel dieser Spiele ist der Aufbau von sozialen Kontakten sowie die Eingliederung in die spielinternen Gemeinschaften.
- *Suche* [...]

Zusammenfassung der markierten Textstellen in Stichworten:

Material 2: Bitkom

(Bundesverband Informationswirtschaft, Telekommunikation und neue Medien e. V.)

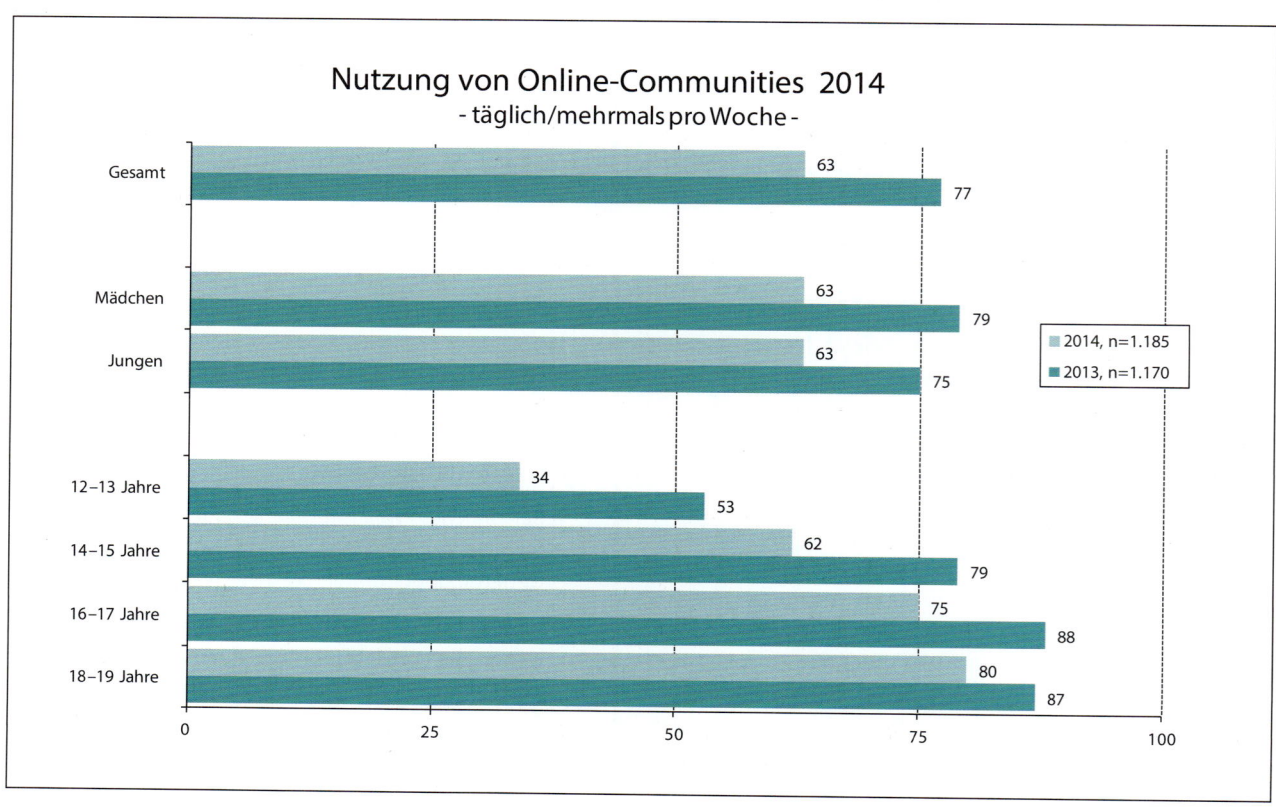

1. Informierendes Schreiben

Zusammenfassung der markierten Textstellen in Stichworten:

Material 3: Die wichtigsten Formen sozialer Netzwerke

[…] *Netzwerkplattformen* werden gelegentlich auch »soziale Netzwerke« oder »Online-Communities« genannt. Ihr Prinzip besteht darin, dass man sich als Nutzer auf einer Plattform registriert und Angaben zur eigenen Person hinterlegt, also z.B. zu Interessen, Vorlieben oder beruflichen Kompetenzen. Auch Kontaktinformationen und ein Bild gehören dazu. Ausgehend von diesem Profil macht man Beziehungen zu anderen Nutzern »explizit«, bestätigt diese also, wie oben beschrieben, als »Freunde« oder »Kontakte«. Über direkte Nachrichten, in thematischen Gruppen o.ä. kann man sich mit seinen eigenen Kontakten unterhalten oder auch mit bislang fremden Personen austauschen, mithin sein eigenes Netzwerk erweitern.

Derzeit [2012!] ist Facebook die bekannteste und meist genutzte Netzwerkplattform, mit geschätzten 20 Millionen Nutzern allein in Deutschland. Im Oktober 2012 wurde weltweit gar die Marke von einer Milliarde Nutzern überschritten. Daneben existieren weitere, allerdings weniger stark verbreitete Netzwerkplattformen wie Google+ oder die auf die berufliche Kontaktpflege spezialisierten Angebote XING und LinkedIn. […]

Während auf Netzwerkplattformen das individuelle Nutzerprofil und seine Verknüpfung mit anderen Profilen im Mittelpunkt stehen, sind *Multimediaplattformen stärker* um einzelne Inhalte herum strukturiert. Dies können beispielsweise Videoclips (wie bei YouTube), Fotos (wie bei Flickr) oder Musikstücke (wie bei Soundcloud) sein, aber auch Präsentationen (wie bei Slideshare) oder Dokumente (wie bei Scribd). Meist stehen nach dem Hochladen eines Inhalts weitere Funktionen zur Verfügung – so kann man Fotos oder Dokumente kommentieren oder Präsentationen auf anderen Webseiten einbetten.

Eine weitere einflussreiche Social-Media-Gattung sind die Weblogs, in Kurzform auch: Blogs. […] Eine Spielart der Blogs sind die Microblogs, für die derzeit insbesondere Twitter steht. […]

Quelle: Schmidt, Jan-Hinrik, Social Media, Wiesbaden (Springer Fachmedien) 2013, S. 11 ff.

Zusammenfassung der markierten Textstellen in Stichworten:

C. Materialgestütztes Schreiben

Material 4: Bitcom

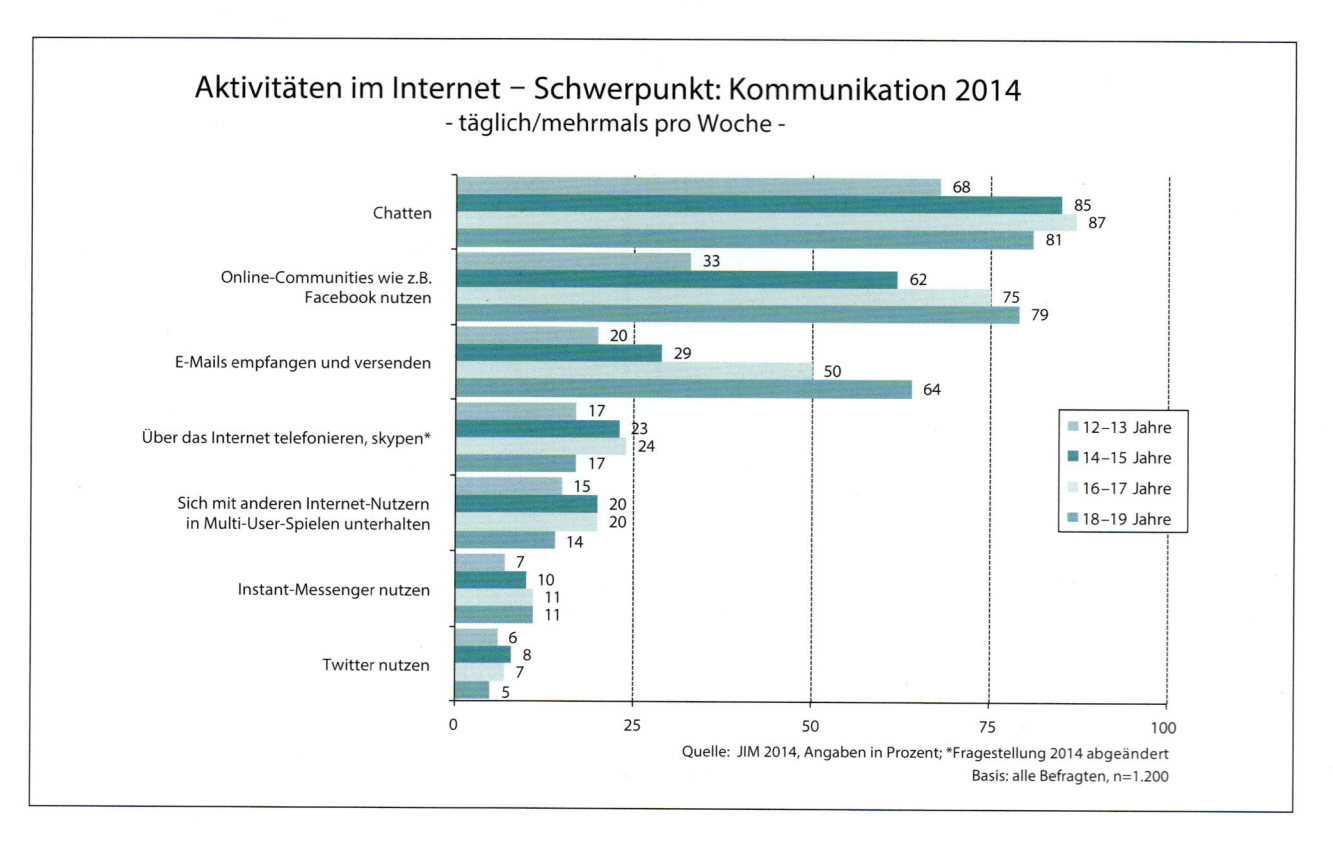

Aktivitäten im Internet – Schwerpunkt: Kommunikation 2014
- täglich/mehrmals pro Woche -

Aktivität	12–13 Jahre	14–15 Jahre	16–17 Jahre	18–19 Jahre
Chatten	68	85	87	81
Online-Communities wie z.B. Facebook nutzen	33	62	75	79
E-Mails empfangen und versenden	20	29	50	64
Über das Internet telefonieren, skypen*	17	23	24	17
Sich mit anderen Internet-Nutzern in Multi-User-Spielen unterhalten	15	20	20	14
Instant-Messenger nutzen	7	10	11	11
Twitter nutzen	6	8	7	5

Quelle: JIM 2014, Angaben in Prozent; *Fragestellung 2014 abgeändert
Basis: alle Befragten, n=1.200

Zusammenfassung der markierten Textstellen in Stichworten:

1. Informierendes Schreiben

Material 5: Kinder und soziale Netzwerke

Die Kinder von heute sind die Gestalter der Gesellschaft von morgen. Sie sind aufgewachsen mit dem Internet, nutzen zur Kommunikation soziale Netze wie Facebook und haben keine Scheu, auch private Details im Internet preiszugeben.

Dies schreckt ihre Eltern, die in jeder Generation erneut vor den Gefahren der jeweils neuen Medien warnen. Dabei ist zuerst bei den Eltern eine fundierte Medienkompetenz aufzubauen, die über eine reine Nutzungskompetenz hinausgeht und die Folgen sowie rechtlichen Konsequenzen im Blick hat. Eltern sind gefordert, sich selbst im Internet nach Informationen umzusehen, zu selektieren und somit im „Such-und Orientierungsprozess" schon erste Medienkompetenz aufzubauen. Kinder und Jugendliche können durch die Nutzung sozialer Netzwerke vielfältige technische, kommunikative und soziale Kompetenzen erwerben sowie ihre Gestaltungsfähigkeit und die Inszenierungsfähigkeit der eigenen Person verbessern bzw. erweitern.

Sie befriedigen über den Austausch in sozialen Netzwerken diverse, ihrem Alter angemessene, Bedürfnisse. Dies ist notwendig für ihre weitere Persönlichkeitsentwicklung. Soziale Netzwerke können diversen Ansprüchen an ganzheitliche, in der Ausbildung von Jugendlichen erwünschte, Lernprozesse gerecht werden:

- sie fördern *aktives Lernen* durch Interesse und Motivation
- sie ermöglichen selbst gesteuertes *Lernen* durch Eigenkontrolle und Eigenbeteiligung
- sie fördern *konstruktiven Wissenserwerb* in vernetzten Strukturen durch individuelle Erfahrungen, die an vorhandenes Wissen und Können anknüpfen
- sie ermöglichen *situatives Lernen* in authentischen Situationen
- sie ermöglichen *soziales Lernen* im Austausch und befriedigen so Grundbedürfnisse des Menschen nach Kontakt, Austausch und Anerkennung.

Dementsprechend sollten Eltern ihre skeptische und ablehnende Distanzhaltung zu sozialen Netzwerken zugunsten einer kritisch-reflektierenden Begleitung ihrer Kinder aufgeben. Soziale Netzwerke können Möglichkeiten bereitstellen, um Kompetenzen zu erwerben, die für das Leben und Arbeiten in der Wissensgesellschaft von heute notwendig sind (Mandl/Krause, 2001, S. 5).

Quelle: Petra Wiemer: Warum wir Soziale Netzwerke generationsübergreifend nutzen sollten. Ein Beitrag aus Elternsicht. In: http://ifbm.fernuni-hagen.de/lehrgebiete/bildmed/medien-im-diskurs/soziale-netzwerke-im-diskurs, S. 40 f., 06.03.2

Zusammenfassung der markierten Textstellen in Stichworten:

Material 6: Soziale Netzwerke, eine Herausforderung für Kinder und Jugendliche

Konsequenzen für Eltern, Erzieher/innen und Lehrkräfte: Durch das Aufwachsen im digitalen Zeitalter haben Kinder und Jugendliche im Vergleich zu Erwachsenen oftmals ein deutlich größeres Wissen über Online-Plattformen, sie gelten als die *digital natives*. Es ist daher notwendig, dass Eltern oder Erzieher/innen Interesse an den Online-Aktivitäten von Kindern und Jugendlichen zeigen und mit ihnen über ihre Tätigkeiten in sozialen Netzwerken in offener Art und Weise kommunizieren. So erfahren sie, wo ihre Kinder angemeldet sind und mit wem sie in Kontakt stehen. Eine gemeinsam vorgenommene Anmeldung und eine sorgfältige Prüfung der Sicherheitseinstellungen sowie die Aufklärung vor Risiken und Gefahren im Vorfeld und das Aufzeigen von Lösungsmöglichkeiten im Problemfall (Anzeige bei der Polizei, Betreiber/innen kontaktieren, Beratungsstellen aufsuchen) seitens der Eltern, Erzieher/innen und Lehrer/innen ist präventiv sinnvoll, damit sich Kinder und Jugendliche sicher auf sozialen Onlinenetzwerken bewegen können. Eine bewahrpädagogische Haltung im Sinne von Verboten, sich nicht auf sozialen Onlinenetzwerken zu bewegen, wäre an dieser Stelle nicht sinnvoll und entspräche keinem medienkompetenten Verständnis. Vielmehr ist die Sensibilisierung von Kindern und Jugendlichen wichtig, indem sie über Risiken und Gefahren informiert werden und Strategien aufgezeigt bekommen, Herausforderungen aktiv zu bewältigen. Eine offene Kommunikationskultur ist demnach unumgänglich, damit Kinder und Jugendliche zu medienkompetenten Individuen heranwachsen.

Oftmals sind Erzieher/innen, Lehrkräfte und Eltern jedoch überfordert. In Kindergärten und Schulen fehlen aufgrund des durchzuführenden Curriculums häufig die notwendigen zeitlichen und personalen Ressourcen, um präventiv oder nachsorglich das Thema Cybermobbing zu erarbeiten. Hinzu kommen Desinteresse, sich mit der Lebenswelt von Kindern und Jugendlichen auseinanderzusetzen sowie das Zuschieben von Verantwortlichkeiten. Eltern appellieren an die Schulen, sich mit den Herausforderungen ihrer Kinder auseinanderzusetzen, Erzieherinnen und Lehrkräfte erwarten vom Elternhaus einen präventiven Umgang mit den Medien daheim. Die Lösung ist hier ein kooperativer Austausch zwischen allen Instanzen. […]

Quelle: Kira van Bebber: Warum soziale Netzwerke für Kinder und Jugendliche eine Herausforderung darstellen. Ein Beitrag aus medienpädagogischer Perspektive. In: http://ifbm.fernuni-hagen.de/lehrgebiete/bildmed/medien-im-diskurs/soziale-netzwerke-im-diskurs, S. 72 f., 06.03.2015

Zusammenfassung der markierten Textstellen in Stichworten:

1. Informierendes Schreiben

Material 7: Internetworld

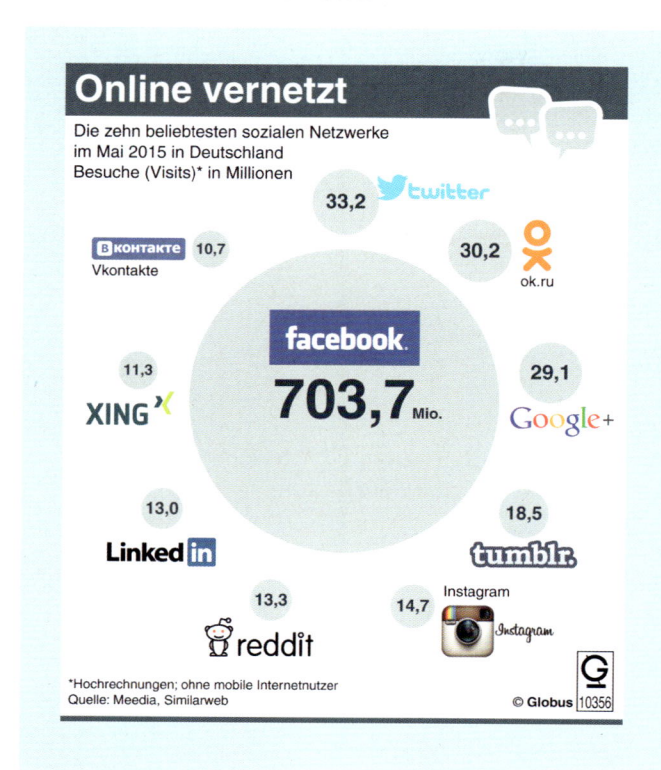

Online vernetzt
Die zehn beliebtesten sozialen Netzwerke im Mai 2015 in Deutschland
Besuche (Visits)* in Millionen

- twitter: 33,2
- Vkontakte: 10,7
- ok.ru: 30,2
- facebook: 703,7 Mio.
- XING: 11,3
- Google+: 29,1
- LinkedIn: 13,0
- tumblr: 18,5
- reddit: 13,3
- Instagram: 14,7

*Hochrechnungen; ohne mobile Internetnutzer
Quelle: Meedia, Similarweb
© Globus 10356

Benutzung sozialer Netzwerke

- überwiegend für private Kontakt
  - Facebook
  - Xing
  - LinkedIn
  - Google+
  - nstagram
  - Vkontakte (russischer Betreiber)
  - OK.ru (russischer Betreiber)

- überwiegend für den Beruf
  - Xing
  - LinkedIn

- überwiegend für Inhalte, Fotos und Informationen
  - Facebook
  - Google+
  - Twitter
  - Tumblr.
  - Instagram
  - reddit

Zusammenfassung der Markierungen in Stichworten:

C. Materialgestütztes Schreiben

3 a) Vergleichen Sie Ihre bisherigen Arbeitsergebnisse mit den beiden folgenden Vorschlägen einer Gliederung für einen informierenden Zeitungsartikels über „Soziale Netzwerke" (vgl. Aufgabe 1) und entscheiden Sie, welcher Vorschlag Ihnen angemessener erscheint.

b) Entwerfen Sie eine eigene Gliederung und legen Sie fest, wie lang jeder Gliederungspunkt bei der vorgegebenen Länge des Gesamtartikels von ca. 800 Worten sein soll.

Gliederung I:
1. Einleitung: Hinführung zum Thema „soziale Netzwerke heute" (ca. 100 Wörter)
2. Definition: Soziale Netzwerke (ca. 200 Wörter)
3. Was leisten Soziale Netzwerke? (ca. 100 Wörter)
4. Kinder in Sozialen Netzwerken (ca. 200 Wörter)
5. Schluss: Empfehlungen für Eltern (ca. 200 Wörter)

Gliederung II:
1. Hinführung: Anknüpfung an Artikelserie, Situation: Eltern und Soziale Netzwerken (ca. 150 Wörter)
2. Nutzung von Netzwerken im privaten und beruflichen Alltagsleben (ca. 250 Wörter)
   a) Wer nutzt wofür Soziale Netze? (Statistiken)
   b) Welches Image haben „Soziale Netzwerke"?
3. Definition und Erläuterung: Unterschiedliche Soziale Netzwerke (ca. 150 Wörter)
4. Kinder und Jugendliche im Netz: Chancen, Gefahren, Tipps (ca. 250 Wörter)

Eigene Gliederung:

4 Entscheiden Sie,
– ob Sie die Gliederungspunkte als Zwischenüberschriften in Ihrem Zeitungsartikel verwenden wollen
– und ob Sie eine Grafik oder Tabelle einbinden wollen.

5 Schreiben Sie nun den Zeitungsartikel. Am besten nutzen Sie dabei wegen der besseren Möglichkeiten der Besprechung der Ergebnisse, der Überarbeitung und Optimierung das Schreibprogramm eines Computers.

2. Argumentierendes Schreiben

KLAUSURAUFGABE

Material 8: Risiken sozialer Netzwerke

Die Freigabe von persönlichen Informationen in öffentlichen Netzen birgt zahlreiche Risiken mit schwerwiegenden Folgen.

Identitätsdiebstahl
Cyberkriminelle benutzen die persönlichen Daten, um damit selbst unter der gestohlenen Identität Bestellungen, Registrierungen und sonstige Aktivitäten im Internet zu tätigen. Knapp ein Drittel kennen Opfer und gut 10 % sind selbst Opfer dieser Aktivitäten geworden.

Cyber-Mobbing
Persönliche Informationen können als „Munition" für gezielte Angriffe auf die eigene Person dienen. Knapp 90 % der Jugendlichen und knapp 70 % der Erwachsenen haben schon Erfahrungen damit gemacht.

Rufschädigung
Foto von Partys mit Alkoholexzessen, Inhalte zum Thema Drogen und Auswirkungen des Cyper-Mobbings können den Ruf der Person schädigen. Bei Bewerbungen kann das Auswirkungen für die eigene Person haben: 75 % der Personalchefs nutzen soziale Netzwerke, sich über das Profil von Bewerber/-innen zu informieren. Dabei bewerten sie Informationen über illegale Drogen negativ. Knapp die Hälfte der Personalchefs monieren Äußerungen zum Thema Alkohol im Profil.

Werbung
Die im sozialen Netzwerk genannten persönlichen Vorlieben können von Firmen und Providern gezielt für platzierte Werbung bei Webseiten, die man selbst aufruft, benutzt werden. Ca. 25 % der Internetanwender finden solche Werbung gut.

Bedrohung
Das Ankündigen von persönlichen Plänen in sozialen Netzwerken kann Stalker ermuntern, gezielt zu belästigen. Knapp 5 Mio. Nutzer kündigen eigene Reisen an und ermuntern auf diese Weise Diebe gezielt zu Einbrüchen.

Social Engineering
Persönliche Profildaten können für Pläne von Cyberkriminellen, eigene vertrauliche Informationen preiszugeben (z. B. seine finanzielle Situation offen zu legen) oder das persönliche Verhalten zu beeinflussen (z. B. Produkte zu kaufen oder bestimmten Autoritäten hörig zu werden), ausgenutzt werden.

Aufgabenstellung

Der Medienwissenschaftler Sebastian Roser [Name geändert] fordert in einem Artikel in einer Illustrierten angesichts der Risiken Sozialer Netzwerke, Kindern und Jugendlichen unter 16 Jahren den Zugang zu Sozialen Netzwerken nicht zu gestatten.

Schreiben Sie auf der Basis der Materialien 1–8 und eigener Kenntnisse einen argumentierenden Gegentext zu seiner Forderung; der Kommentar sollte etwa 600 Wörter umfassen.

6 a) Gehen Sie in den Schritten vor, wie Sie sie in den Aufgaben 1–5 finden, und schreiben Sie diesen Kommentar. Schreiben Sie mit großem Zeilenabstand und breitem rechten Rand.
b) Tauschen Sie Ihre Ergebnisse aus und besprechen Sie Ihre Ergebnisse in Schreibkonferenzen.

D. Analyse und Interpretation erzählender Texte

1. Schwerpunkte I und II: Sprachliche Gestaltung und Merkmale der Kurzgeschichte

> **▶ Wissen 1**
>
> **Sprachliche Gestaltung:**
>
> *Laute – Wörter – Sätze – rhetorische Figuren – Stil – Mundarten*
> → **Sätze:** Satzarten (Aussage, Frage, Ausruf), Satzverknüpfung (Satzgefüge [Hypotaxe], also Unterordnungen, Satzreihe [Parataxe], also Beiordnungen gleichrangiger Teilsätze), Satzbrüche, Ellipsen, Tempus, Satzfiguren (z. B. Inversion, Parallelismus, Chiasmus)

Wolf Wondratschek: Aspirin

Sie hat ein schönes Gesicht. Sie hat schöne Haare. Sie hat schöne Hände. Sie möchte schönere Beine haben.
Sie machen Spaziergänge. Sie treten auf Holz. Sie liegt auf dem Rücken. Sie hört Radio. Sie zeigen auf Flugzeuge. Sie schweigen. Sie lachen. Sie lacht gern.
Sie wohnen nicht in der Stadt. Sie wissen, wie tief ein See sein kann.
Sie ist mager. Sie schreiben sich Briefe und schreiben, daß sie sich lieben. Sie ändert manchmal ihre Frisur.
Sie sprechen zwischen Vorfilm und Hauptfilm nicht miteinander. Sie streiten sich über Kleinigkeiten. Sie umarmen sich. Sie küssen sich. Sie leihen sich Schallplatten aus.
Sie lassen sich fotografieren. Sie denkt an Rom. Sie muß im Freibad schwören, mehr zu essen.
Sie schwitzen. Sie haben offene Münder. Sie gehen oft in Abenteuerfilme. Sie träumt oft davon. Sie stellt sich die Liebe vor. Sie probiert ihre erste Zigarette. Sie erzählen sich alles.
Sie hat Mühe, vor der Haustür normal zu bleiben. Sie wäscht sich mit kaltem Wasser. Sie kaufen Seife. Sie haben Geburtstag. Sie riechen an Blumen.
Sie wollen keine Geheimnisse voreinander haben. Sie trägt keine Strümpfe. Sie leiht sich eine Höhensonne. Sie gehen tanzen. Sie übertreiben. Sie spüren, daß sie übertreiben. Sie lieben Fotos. Sie sieht auf Fotos etwas älter aus.
Sie sagt, daß sie sich viele Kinder wünscht.
Sie warten den ganzen Tag auf den Abend. Sie antworten gemeinsam. Sie fühlen sich wohl. Sie geben nach. Sie streift den Pullover über den Kopf. Sie öffnet den Rock.
Sie kauft Tabletten. Zum Glück gibt es Tabletten.

Aus: Wolf Wondratschek: Früher begann der Tag mit einer Schusswunde. München: Hanser, 1971, S. 54 f.

1 Formulieren Sie die thematische Ausrichtung der Kurzgeschichte Wondratscheks.

2 Analysieren Sie die sprachliche Gestaltung des Textes.
   a) Strukturieren Sie den Text durch farblich unterschiedliche Markierungen der Sätze, die sich auf die Frau (3. Pers. Sg.) beziehen, und derjenigen, die sich auf das Paar (3. Pers. Pl.) beziehen.
   b) Tragen Sie in folgende Tabelle ein, welche Verhaltensweisen, Zustände, Einstellungen der beiden Figuren aus Ihrer Sicht wünschenswert, ohne Wertung bzw. problematisch sind.

1. Schwerpunkte I und II: Sprachliche Gestaltung und Merkmale der Kurzgeschichte

Frau			Paar		
wünschenswert	ohne Wertung	problematisch	wünschenswert	ohne Wertung	problematisch

c) Erläutern Sie anhand einzelner von Ihnen ausgewählter Sätze, inwiefern die obige Zuordnung schwierig sein könnte. Diskutieren Sie in der Lerngruppe Ihre Zuordnungen.

d) „Sie möchte schönere Beine haben." Untersuchen Sie, wie in der Kurzgeschichte durch die Sätze das Verhältnis zwischen Wunsch und Wirklichkeit in der Beziehungsentwicklung gestaltet wird.

D. Analyse und Interpretation erzählender Texte

e) Resümieren Sie Ihre Analyseergebnisse im Hinblick auf mögliche Aussageintentionen des Textes. Gehen Sie dabei von den Sätzen aus, die von der vorherrschenden Struktur *Subjekt/Personalpronomen in der 3. Pers. + Prädikat + Objekt/Prädikatsergänzung* abweichen.

▶ **Wissen 2**

Merkmale der Kurzgeschichte

- **Kürze und Simultaneität** (gebündelte Präsentation *gleichzeitig* ablaufender Ereignisse)
- *Momentaufnahme* aus dem **alltäglichen** Leben eines oft in **schlichter Sprache** präsentierten, gebrochenen (Anti-)Helden in einer problematischen Situation
- *Mehrdeutigkeit* des in *eingeschränkter Erzählperspektive* geschilderten Geschehens, **offener** Schluss

1. Schwerpunkte I und II: Sprachliche Gestaltung und Merkmale der Kurzgeschichte

3 Legen Sie anhand einzelner auffälliger Merkmale der Kurzgeschichte im vorliegenden Text deren jeweilige Wirkungsweise dar.

Merkmale der Kurzgeschichte, Belegstellen	Wirkung

4 Nehmen Sie auf einem gesonderten Blatt begründet Stellung zu folgendem Deutungsansatz (unter Rückgriff auf Ihre Ergebnisse aus den vorigen Aufgaben):
Die Kurzgeschichte „Aspirin" von Wolf Wondratschek zeigt Figuren, die vom Leben enttäuscht sind, und appelliert indirekt an den Leser, seinen Wünschen und Sehnsüchten trotz aller Alltagswiderstände zu folgen.

5 Verfassen Sie auf einem gesonderten Blatt aus der Sicht der Frau einen Rückblick auf ihr bisheriges gemeinsames Leben mit ihrem Partner.

D. Analyse und Interpretation erzählender Texte

2. Schwerpunkte III und IV: Figurengestaltung und erzählerische Gestaltung

> **Wissen 3**
>
> **Figurengestaltung:**
>
> - ***direkte*** Charakterisierung: Beschreibung der Eigenschaften durch den Erzähler, andere Figuren oder die Figur selbst; ***indirekte*** Charakterisierung: Charaktermerkmale einer Figur durch ihr Verhalten, ihr Aussehen und ihre Sprache
> - Charakter***anlage:*** statisch (ohne Veränderung) oder dynamisch (Entwicklung der Figur), geschlossen oder offen (mehrdeutig, rätselhaft), abstrakt (Typus) oder psychologisch individuell (plausibel, widersprüchlich?), eindimensional (flach, einfach) oder komplex (facettenreich).
> - ***Verhältnis*** der Figuren (Konfliktentwicklung): zwischen den Generationen (Vater-Sohn-Konflikt), zwischen sozialen Milieus, zwischen den Geschlechtern oder zwischen Weltanschauungen
> - ***Antiheld*** in modernen Erzählungen: brüchige, konfliktreiche Beziehungen, ausweglos erscheinende Lage, durch äußere Bedingungen determiniert

Brigitte Kronauer: Eine kleine Lebensgeschichte

Hat das hier jetzt, in diesem Augenblick, angefangen? Was sonst! Gibt es kein Motto? Sicher, aber darf ein Vorspruch so lang sein wie dieser? Dann lautet er so:

„Es geschah an einem Sommertag. Ich stand schon mor-
5 gens um sieben Uhr auf, denn ich wollte in den Park gehen. Nun, als ich im Park war, setzte ich mich auf eine Bank und las ein Buch. Plötzlich setzte sich ein Junge neben mich hin. Er schaute mich immer an und ich ihn auch. Dann stand ich auf und ging zur nächsten Bank und habe mich hinge-
10 setzt. Der Junge kam mir immer nach. Er rutschte immer näher zu mir und hat den Arm um die Bank getan. Dann sagte er plötzlich zu mir: >Na, Süße!< Ich war ganz verdutzt und habe gelacht. Darauf sagte ich: >Na, Süßer!< So haben wir uns kennengelernt. Als ich dann 18 Jahre alt war und er
15 20 Jahre, hat er mich öfter zum Kino und zum Essen eingeladen."

Das hat Isolde Zils geschrieben, mit Bleistift, aber in Druckbuchstaben, vor einem Jahr, da war sie gerade zwölf.

Und jetzt? Jetzt ist plötzlich viel los. Überall geschieht was,
20 es ist Sonntag, Familien sind massenhaft unterwegs, sind aufgesprungen vom Frühstückstisch, von der Kaffeetafel und losgerauscht. Naturhügel sausen sie herunter auf einer Rutschbahn, Frauen in Kostümen, Steuerknüppel zwischen den Knien, 780 m in Kunststoffriemen, immer kurvig berg-
25 ab. In Waschbottichen tuckern sie über neue Seen, Krokodile, auf- und untertauchend im Minutenrhythmus neben sich. In ausgehöhlten Baumstämmen brausen sie jubelnd auf Wildwasserbahnen, dicke, spendierfreudige Väter, sie wühlen und drängen sich in die Ereignisse, und so jung da-
30 bei! Ja, blutjunge Väter in Lederjacken wandern bedächtig und applaudierend durch Klein-Berlin, ein niedliches Wunder, so anschaulich, nicht so groß wie das echte, aber so, wie es früher war, und ganz. Ein Dorfjunge vor Trögen und Karren der Hazienda aus Mexiko, staunend und eilig,
35 dann drüben die finnische Floßfahrt, diese Jungens mit roten Schlafbacken, diese taumelnden Mädchen. Weltreisen werden in Gondeln zurückgelegt. Wie pausenlos lustig ist das alles und kostet was, so gedrängt alles, hier das Südseeparadies, bunt wie ein Faschingslokal, und dort schon,
40 ein Sprung nur, das steile Minarett und der bollernde Planwagen für die kleine Prärie!

Aber jetzt etwas anderes. Da, was ist aus Isolde Zils geworden, jetzt, nachdem die Hauptereignisse stattgefunden haben in den Cowboystädten am Nachmittag? Ja, kann sie
45 denn nicht ihren Aufsatz weitergeschrieben haben, in der Zwischenzeit, die jetzt überbrückt und durchstanden und vertrieben ist? Dieser Anfang, dieser Aufsatz, diese Lebensgeschichte? Das ist schon nicht aus den Augen verloren worden, niemand hat hier einen Faden fallen lassen. Es
50 kommt noch, wie es muß:

„Dann wurde ich mittlerweile 20 Jahre alt und er 22. Wir haben uns entschlossen, zu heiraten, das haben wir auch gemacht. Wir kriegten zwei Kinder, einen Jungen und ein Mädchen. Und so ging es weiter, bis er auf einmal fremdg-
55 ing. Als ich es zu erfahren bekommen hatte, ließ ich mich scheiden, ich bekam den Jungen und er das Mädchen. Dann hatte ich wieder von vorn angefangen, und er (ich weiß nicht) vielleicht auch. Für mich war er eine Null, als er sich scheiden ließ."

60 So fuhr sie nämlich fort, in einem Zug, am gleichen Tag hat sie das runtergeschrieben, ohne aufzugucken. Und? Ist erkannt worden, wie es sich aufeinanderreimt? War das befriedigend? Gut? Sehr Gut?

Aus: Kronauer Brigitte Die gemusterte Nacht. Erzählungen. Stuttgart: Klett-Cotta, 1981, S. 169 f.

2. Schwerpunkte III und IV: Figurengestaltung und erzählerische Gestaltung

"Na, Süße!"

6 Isolde Zils: Halten Sie zunächst stichpunktartig Aspekte der Figurengestaltung Isolde Zils' fest, die sich aus ihrem Aufsatz ergibt. Eigenschaften durch Selbstaussagen der Figur (direkte Charakterisierung):

Eigenschaften durch ihr Verhalten und ihre Sprache (indirekte Charakterisierung):

Charakteranlage:

Verhältnis zu anderen Figuren:

D. Analyse und Interpretation erzählender Texte

7 Überprüfen Sie, ob bzw. inwiefern es sich bei dem Erzähltext um eine Kurzgeschichte handelt.

_____
_____
_____
_____
_____
_____
_____
_____
_____
_____

8 Resümieren Sie durch die Beantwortung der den Text abschließenden Fragen und die Analyse ihrer Wirkung, wie der Erzähler die Figurendarstellung Isolde Zils' akzentuiert. Nutzen Sie dafür ein gesondertes Blatt.

▶ Wissen 4

Erzählerische Gestaltung

Erzählverhalten:
- **auktorial:** (von lat. auctor: Urheber) Der Erzähler wird als erzählende Instanz in der Geschichte sichtbar, insofern er seine subjektive Sichtweise im Geschehen mitteilt, z. B. als Kommentar, Zusatz, eigene Meinung, Monolog.
  → z. B.: „Seltsamer und wunderlicher kann nichts erfunden werden, als dasjenige ist, was sich mit meinem armen Freunde, dem jungen Studenten Nathanael, zugetragen, und was ich dir, günstiger Leser! zu erzählen unternommen." (E.T.A. Hoffmann: Der Sandmann)
- **personal:** Der Erzähler vermittelt die Geschichte aus dem Blickwinkel einer Figur, z. B. im inneren Monolog. Dabei kann er gleichwohl als erzählende Instanz wahrgenommen werden, z. B. durch eine ironisch-distanzierte Erzählhaltung oder die Verwendung erlebter Rede.
  → z. B.: [Franz Biberkopfs Erleben in der Straßenbahn]: „In ihm schrie es entsetzt: Achtung, Achtung, es geht los. [...]" (A. Döblin: Berlin Alexanderplatz)
- **neutral:** Das Geschehen wird objektiv – jenseits der Blickwinkel der Figur und des Erzählers – präsentiert. Der Erzähler tritt hinter das Erzählte zurück, z. B. durch die Verwendung von Dialogen in direkter Rede.
  → z. B.: „Man riß das Pflaster am Rosenthaler Platz auf, er ging zwischen den andern auf Holzbohlen." (A. Döblin: Berlin Alexanderplatz)

Darstellungsformen
- **Erzählerbericht:** Der Erzähler vermittelt den Erzählgegenstand (Handlung, Figuren).
- **Innerer Monolog:** Der Erzähler präsentiert unausgesprochene Gedanken, Gefühle o. Ä. einer Figur (1. Person Singular, meist Präsens) scheinbar unvermittelt.
- **Erlebte Rede:** Die Erzählersicht und die Figurensicht verbinden sich miteinander zu einer Darstellung unausgesprochener Gedanken, Gefühle o. Ä. einer Figur (in der 3. Person Singular, meist Präteritum, Indikativ).
- **Direkte Rede:** Die Figuren sprechen im Dialog, der durch den im Hintergrund bleibenden Erzähler wörtlich wiedergegeben wird.
- **Indirekte Rede:** Der Erzähler vermittelt im Konjunktiv die Sichtweise einer Figur.

---

9 Analysieren Sie das Erzählverhalten in den Passagen, in denen der Aufsatz nicht zitiert wird. Berücksichtigen Sie dabei folgende Aspekte:
Direkte Leseransprache – Frage-Antwort-Struktur – Funktion des Zeitadverbs „jetzt" – Kommentierungen im Freizeitpark-Abschnitt – Wendungen im Passiv
Ergänzen Sie folgende Teilergebnisse:

2. Schwerpunkte III und IV: Figurengestaltung und erzählerische Gestaltung

- *Der erste Absatz (Funktion der direkten Leseransprache) …*

_____
_____
_____
_____
_____
_____

Der erste Teil des Aufsatzes von Isolde Zils wird als Motto gekennzeichnet: Das idyllische Kennenlernen im Park erscheint dem Erzähler als signifikanter Vorspruch zur gesamten „Lebensgeschichte". Der zunächst irritierende Erzählbeginn wird durch die nachträgliche Erläuterung des Erzählers, es handle sich um einen Aufsatz, den Isolde Zils „vor einem Jahr" geschrieben habe, konkretisiert: …

_____
_____
_____
_____

- *Das Zeitadverb „jetzt" lenkt die Aufmerksamkeit des Lesers …*

_____
_____
_____

- *Die idyllische Freizeitpark-Szenerie …*

_____
_____
_____

Im nächsten Abschnitt fiktionalisiert der Erzähler die dann folgende Wiedergabe des zweiten Aufsatz-Abschnitts, indem er in Einbindung des Lesers die Möglichkeit erwägt, Isolde Zils habe nach einem solchen Erlebnis im Freizeitpark ihren Aufsatz weitergeschrieben. Metareflexiv wehrt der Erzähler den Verdacht ausschweifenden, unzusammenhängenden Berichtens ab. Er bereitet den zweiten Aufsatz-Abschnitt vor, indem er …

_____
_____
_____
_____

- *Die Passivformulierungen verstärken den Eindruck, …*

_____
_____
_____

10 Fassen Sie resümierend auf einem gesonderten Blatt zusammen, wie die erzählerische Gestaltung die Wirkung der Figur Isolde Zils verstärkt.

D. Analyse und Interpretation erzählender Texte

3. Schwerpunkte V und VI: Motivgestaltung und Erzähler/Sprache

> **▶ Wissen 5**
>
> **Motivgestaltung:**
>
> Motiv (von lat. motus: Antrieb, Bewegung):
> Beziehungen herstellendes, das Thema konkretisierendes, strukturbildendes Bedeutungselement (in verschiedenen Texten oder innerhalb eines Textes)
> - ➔ z. B. das Ödipus-Motiv, d. h. das Ans-Licht-Drängen eines ungesühnten Mordes
> - ➔ z. B. das Motiv der Fahrt, d. h. der Reise als Lebensfahrt, welche die Einsicht in die Entwicklungsfähigkeit des Menschen repräsentiert, z. B. im Bildungsroman
> - ➔ z. B. Farben, Orte, Rahmenmotive, Situationsmotive (z. B. Dreiecksverhältnis), Typus-Motive (der Geizige, der Narr)

Sabine Peters: Weil sie es besser nicht versteht

Weil eine Wut an Girlie fraß. Girlie, die nur im Paß Janina Fischer hieß, könnte um sechs Uhr dreißig noch schlafen, es würde reichen, um sieben Uhr aufzustehen, damit sie rechtzeitig den Schulbus bekäme. Sie stand aber auf, nahm aus dem Kleiderschrank eine Flasche Cola light, trank, drückte die Fernbedienung, Traumfabrik Hollywood lief als Wiederholung. Vor dem Schirm starrend, nicht sehend, nicht hörend, begann sie gymnastische Übungen.
Englischtest heute, hoffentlich kann Jessica das Zeug, yes Mr. Menzner, boys and girls always do their homework after enjoying lunch with their parents, nur Girlie verzichtet täglich aufs Frühstück, fastet am Mittag, bleibt sie im Training. Ja, Mama, das Schulbrot, die Pause, nein, Mama, mittags McChicken vor dem Schwimmen. Echt, Mama, mittags nach Hause kommen lohnt sich nicht. Einfach ein fester Wille. Wie hört sich denn ein Zentner an. Einfach der schlanke Staat ist angesagt. Girlie speckt ab auf fünfundvierzig, einfach Selbstbeherrschung. Schmarotzer haben keine Chance, krankfeiern gilt nicht mehr, es brät ein Kind im Fernsehen eine Maus, Girlie bleibt auf Diät. Kürzungen sind überall, die attraktiven Billiglohnländer. Nur wenn Sie regelmäßig gezielt Sport betreiben, wirkt Ihre Diät. Mama war als Mädchen auch schlank, sagt sie. Gertenschlank, sagt sie. Girlie bleibt auf Reduktionskurs. Sparpaket persönlich für sie zugeschnitten. Fotomodelle schwören auf viel Wasser ohne Kohlensäure. Feuchtigkeit von innen gegen Hunger. Wilder Hunger, sehr gut, wilder wild am wildesten, es sind Maschinen kontrolliert, feindseliges Objekt löst sich in Luft auf. Alle Eingänge überwacht und verschlossen, Grenzen dicht, schleicht keine unsichtbare Kalorie mehr ein, und wer gefaßt wird, abgeschoben, Sarajevo, und in Tokio, New York die Covergirls, mit Springseil im Gepäck, auf ihren Reisen. Hüpfen ist effektiv und kostet nichts. Alles voll im Griff. Weiß ich nicht warum. Widerlich die breite Mama blau, drückt Kippen aus neben dem Aschenbecher, nächsten Tag ein neuer Stoffaufkleber auf der Tischdecke aus Hungerland, cool Kids are clean, sind einfach rein, nie alt und gammelig werden. Es boomt mageres Frischfleisch, unbeschwert und leicht die junge Mode, süß die Mannschaft, Raumschiff Enterprise, Mädchen in süßen Uniformen. Folgen Sie, folgendes Thema: Unsere Risikogesellschaft, Risiko wie Raumschiff. Alle im Boot schnallen die Gürtel enger. Jung und schlank sieht lecker aus. Wirksame Methoden drillen unsichtbar, sehr wirksam, makellose Haut zart knabenhaft im Sonderangebot. Wer nicht rentabel ist, dient als Organspender im Weltall. Fitness läßt sich erzwingen. Muß Liegestützenkur von vorn. Grazil die Kampfmaschine unbesiegbar, jederzeit bereit zu jedem Einsatz. Mobile Friedensstreitkräfte, mit Drückebergern ohne Milde: Wer zuviel ist, tanzt in glühenden Schuhen bis zum Idealgewicht. Spaß für alle Zuschauer, ist einfach voll die Härte light. Gewichtsklauseln in den Verträgen der Models, Produktivität bedeutet größte Leistung unter Einsatz der geringsten Kosten. Minimal Input gleich maximal Output. Ist fit for fun das business. Los geht's und Klatsch. Girlie muß sich geschmeidig üben, Muskeln musizieren. Unschöne Körper unästhetisch, einfach Restmüll. Da capo das ganze Programm, einfach der volle Durchblick. Lächelnde Mädchen sind gut abgerichtet, yes. Dressur for fun, erhöhte Chance im struggle. Ansporn zur Höchstleistung. Das Schwelgen in Superlativen, yes, Girlie übt unermüdlich, weniger ist mehr, der Intensivkurs Selbstbeherrschung, keine Macht den Drogen, einfach anstatt Essen einen Mix aus Übungen, einfach das Leben bis zum Umfallen ein fortgesetzter Kampf, nie hinter das zurück, was schon erreicht, nach vorn sich gegenseitig steigern setzt ganz neue Kräfte frei, für einsam langweiliges Leben, lange leere lange alte kalte Tage. Hochverrat, es wird geschossen, stehenbleiben. Ein Minuspunkt für Girlie. Als Denkzettel heute statt Abendessen Liegestützenkur verschärft, das Fleisch muß willig sein, der Geist muß stark bleiben, die Konkurrenz schläft nicht, nie nachgeben, marktfähig sein, frei jeder gegen jeden. Da fühlt man, daß man lebt.

Aus: Sabine Peters: Nimmersatt. Göttingen: Wallstein, 2000, S. 114-116

3. Schwerpunkte V und VI: Motivgestaltung und Erzähler/Sprache

11 Um den Fehler zu vermeiden, lediglich die Ausgangssituation oder Einzelaspekte als entscheidend für Ihr Verständnis des Textes bzw. des zentralen Motivs anzusehen, überarbeiten Sie die folgenden Themenformulierungen.

In der Kurzgeschichte „Weil sie es besser nicht versteht" von Sabine Peters, aus ihrer im Jahre 2000 in Göttingen erschienenen Sammlung „Nimmersatt", geht es um die Protagonistin Janina Fischer, genannt Girlie, die morgens vor Wut, nicht ausschlafen zu können, vor dem laufenden Fernseher gymnastische Übungen beginnt, anstatt zur Schule zu gehen.

- *Der vorliegende Text thematisiert die schwierige Seelenlage der magersüchtigen Hauptfigur „Girlie", die ihre soziale Umwelt, die Familie, die Schule, die Medien und die Zustände und Stereotypen spiegelt.*

- *„Weil sie es besser nicht versteht" heißt die Erzählung von Sabine Peters, die in ihrer Sammlung „Nimmersatt", die in Göttingen 2000 erschienen und auf den Seiten 114 bis 116 zu finden ist. Die Geschichte heißt so, weil sie um die Protagonistin „Girlie" handelt, die auf die Anforderungen ihrer Umwelt, ohne Schwächen zu sein und hart zu arbeiten und zu trainieren, mit einer Magersucht reagiert, denn sie kann ihre Umwelt nicht richtig verstehen.*

D. Analyse und Interpretation erzählender Texte

12 a) Da die Inhalte in der Kurzgeschichte ungeordnet präsentiert werden, ermitteln Sie zunächst übergeordnete Motive, denen sie Einzelaspekte zuordnen. Ergänzen Sie dazu die folgende Mindmap: [[Tabelle bitte als Mindmap darstellen]]

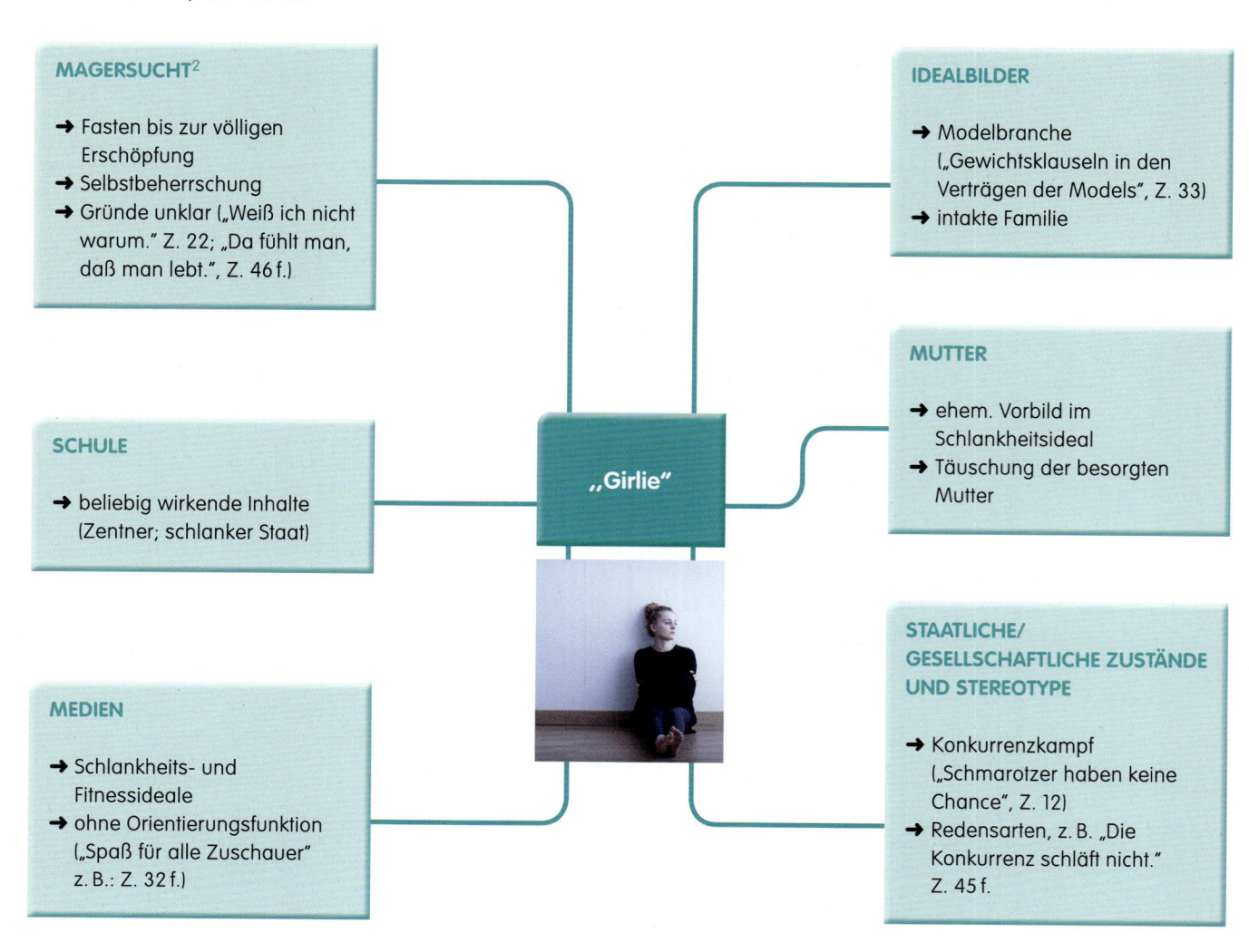

- **„Girlie"**
  - **MAGERSUCHT**[2]
    - Fasten bis zur völligen Erschöpfung
    - Selbstbeherrschung
    - Gründe unklar („Weiß ich nicht warum." Z. 22; „Da fühlt man, daß man lebt.", Z. 46 f.)
  - **IDEALBILDER**
    - Modelbranche („Gewichtsklauseln in den Verträgen der Models", Z. 33)
    - intakte Familie
  - **SCHULE**
    - beliebig wirkende Inhalte (Zentner; schlanker Staat)
  - **MUTTER**
    - ehem. Vorbild im Schlankheitsideal
    - Täuschung der besorgten Mutter
  - **MEDIEN**
    - Schlankheits- und Fitnessideale
    - ohne Orientierungsfunktion („Spaß für alle Zuschauer" z. B.: Z. 32 f.)
  - **STAATLICHE/ GESELLSCHAFTLICHE ZUSTÄNDE UND STEREOTYPE**
    - Konkurrenzkampf („Schmarotzer haben keine Chance", Z. 12)
    - Redensarten, z. B. „Die Konkurrenz schläft nicht." Z. 45 f.

---

2 Bild- und Textnachweis: http://www.spiegel.de/gesundheit/diagnose/bild-979071-722904.html

b) Werten Sie nun die Mindmap im Hinblick auf die Darstellung der Protagonistin aus. Erläutern Sie ihre Seelenlage mithilfe des Motivs des Kampfes (zwanghafte Selbstoptimierung), indem Sie folgenden Beginn fortführen:
Der Protagonistin fehlt es an Selbstbewusstsein. Ihre Magersucht ist dabei...

3. Schwerpunkte V und VI: Motivgestaltung und Erzähler/Sprache

> **Wissen 6**
>
> Erzählerische Gestaltung: Zeit, Raum, Bewusstseinsstrom:
>
> *Zeitgestaltung*
> - Verhältnis zwischen Erzählzeit (Dauer des Erzähl- bzw. Lesevorgangs) und der erzählten Zeit (Dauer des erzählten Geschehens): zeitraffendes, -dehnendes oder deckendes Erzählen
> - chronologische, anachronische, einer inneren Logik folgende oder zufällige Abfolge, Rückgriffe und Vorausdeutungen
> - unvermittelter Beginn, Vorgeschichte, überraschender oder voraussehbarer Schluss
>
> *Raumgestaltung*
> - Handlungsraum (Orientierungsrahmen) der Figuren
> - Stimmungsraum (z. B. Verhältnis zwischen Natur und innerem Zustand einer Figur)
> - Lebensraum (Milieu, soziales Umfeld)
> - Kontrastraum (z. B. zwischen Schauplätzen)
> - Symbolraum (Bedeutung über den Handlungsrahmen hinaus)
>
> *Bewusstseinsstrom* (stream of consciousness)
> unvermittelte und ungeordnet wirkende Präsentation von Gedanken, Bildern, Gefühlen, frei assoziativ, ersetzt die äußere Handlung, Simultaneität der Vorstellungen und Wahrnehmungen, Ich-Form, personale Perspektive, Unmittelbarkeit, Präsens, Indikativ, ohne Redeeinleitung (verba credendi: sagte sie, dachte sie)

13
a) Stellen Sie stichpunktartig Unterschiede in der zeitlichen Gestaltung zwischen dem Erzählbeginn (erster Absatz) und dem folgenden Text heraus.

b) Klären Sie die Wirkung der räumlichen Gestaltung mithilfe der Begriffe „Stimmungsraum", „Lebensraum" und „Symbolraum".

D. Analyse und Interpretation erzählender Texte

c) Weisen Sie Merkmale der Erzähltechnik des Bewusstseinsstroms am Text nach.
Tipp: Entscheiden Sie, ob der gesamte zweite Teil der Kurzgeschichte dem Bewusstseinsstrom zuzuordnen ist oder in der Darbietung der äußeren Handlung ein eigenständiger Erzähler erkennbar ist.

_____
_____
_____
_____
_____
_____
_____
_____

▶ **Wissen 7**

Sprachliche Gestaltung – Sätze und Wortwahl:

Laute – Wörter – Sätze – rhetorische Figuren – Stil – Mundarten
→ **Sätze** (s.o.)
→ **Wörter** (Wortarten, Schlüsselwörter, Wortfelder [bedeutungsverwandte Wörter, die einen Sinnzusammenhang herstellen, z. B. das Wortfeld des Krieges, Assoziationskerne, Formen uneigentlichen Sprechens (Bilder, Metaphern etc.)

14 Analysieren Sie folgende Beispiele der sprachlichen Gestaltung und ihre Funktion. Ergänzen Sie dazu die Tabelle:

Sprachliche Gestaltungsmittel	Funktion
Sätze „bleibt sie im Training." (Z. 8) → Inversion bzw. Ellipse (so bleibt …)	Die Form mündlichen Sprechens signalisiert die direkte Wiedergabe eines Gedankens der Protagonistin.
„Wilder Hunger, sehr gut, wilder wild am wildesten, es sind Maschinen kontrolliert" (Z. 17 f.) →	Das Pronomen „es" bezieht sich auf die zuvor beschriebenen Fotomodelle.
„schleicht keine unsichtbare Kalorie mehr ein und wer gefaßt wird, abgeschoben, Sarajevo, und in Tokio, New York die Covergirls, mit Springseil im Gepäck, auf ihren Reisen." (Z. 19–21) → Anakoluth (Fügungsbruch) bzw. Zerstörung der Syntax	
„setzt ganz neue Kräfte frei, für einsam langweiliges Leben, lange leere lange alte kalte Tage" (Z. 42 f.) →	Akzentverlagerung auf Problematik alltäglicher Einsamkeit und Langeweile,

3. Schwerpunkte V und VI: Motivgestaltung und Erzähler/Sprache

Sprachliche Gestaltungsmittel	Funktion
Wortwahl/Wortfelder „Sparpaket persönlich für sie zugeschnitten." (Z. 15 f.) ➜ Ökonomie: Übertragung auf Verzichtleistungen, z. B. bei der Nahrungsaufnahme	Konkurrenzkampf aus ökonomischem Wortfeld; hier: Verzichtleistungen aufgrund sich verschlechternder ökonomischer Rahmenbedingungen bzw. Staatsverschuldung
„feindseliges Objekt löst sich in Luft auf." (Z. 18); „Hochverrat, es wird geschossen, stehenbleiben." (Z. 43 f.) „Grazil die Kampfmaschine unbesiegbar" (Z. 30) ➜ Kampf, Krieg, Gewalt:	
„Grenzen dicht, schleicht keine unsichtbare Kalorie mehr ein, und wer gefaßt wird, abgeschoben, Sarajevo" (Z. 19 f.) ➜ Migration;	Übertragung …
„Unschöne Körper unästhetisch, einfach Restmüll." (Z. 36) ➜ Aussortierung	beliebiger und menschenunwürdiger Schönheitsbegriff,
„Risikogesellschaft, Risiko wie Raumschiff. Alle im Boot schnallen die Gürtel enger.[…] Wer nicht rentabel ist, dient als Organspender im Weltall." (Z. 26–29)	frei assoziative Verknüpfung

15 „[…] einfach das Leben bis zum Umfallen ein fortgesetzter Kampf" (Z. 41); „Da fühlt man, daß man lebt." (Z. 46).

Deuten Sie ggf. auf einem gesonderten Blatt die Kurzgeschichte – ausgehend von den Zitaten. Beziehen Sie die Ergebnisse Ihrer Untersuchungen mit ein.

E. Analyse und Interpretation dramatischer Texte

1. Übersicht über mögliche thematische Zugänge

▶ Wissen 1

Textbezogene Aspekte		Textüberschreitende Aspekte
		dienen als Argumentationshilfe zur Klärung bestimmter Textphänomene.
Definition/Form des Dramas (dramatisches Genre)	Aspekte innerhalb der Analyse und Interpretation dramatischer Texte	Biografie
Thematische Ausrichtung (z. B. auch stoffliche Vorlagen, zentrale Motive)		Sozialgeschichtliche Einordnung
Handlung/Handlungsgliederung und Konflikt		Geistesgeschichtliche Bezüge
Figuren und Figurenkonstellation		Literaturhistorische Zuordnung (Epoche, Rezeptionsgeschichte)
Figurenrede/Sprache		Poetologische Einordnung (Ästhetik)
Struktur		Aktualitätsbezug
Zeit- und Raumgestaltung		

Gotthold Ephraim Lessing: Emilia Galotti (1772)

***Trauerspiel in fünf Aufzügen** – **Personen:** Emilia Galotti; Odoardo und Claudia Galotti, ihre Eltern; Hettore Gonzaga, Prinz von Gastalla; Marinelli, Kammerherr des Prinzen; Graf Appiani; Camilo Rota, einer von den Räten des Prinzen; Conti, ein Maler; Angelo, ein Bandit; Pirro, Bediensteter; Gräfin Orsina, ehemalige Geliebte des Prinzen – **Ort:** Zimmer am Hofe des Prinzen von Guastalla; in der Wohnung der Galottis; auf Schloss Dosalo – **Zeit:** Mitte des 18. Jahrhunderts – **Uraufführung:** 13. März 1772 in Braunschweig*

Inhalt:

1. Prinz Gonzaga ist von tiefer Leidenschaft zu Emilia ergriffen, der tugendsamen Tochter des strengen und ihm nicht freundlich gesonnenen bürgerlichen Obersten Galotti. Als der Prinz erfährt, dass das Mädchen noch heute den Grafen Appiani heiraten soll, beauftragt er seinen intriganten Kammerherrn Marinelli, statt seiner zu handeln. Zentrale Figuren treten auf.

2. Marinelli versucht zunächst vergeblich, Appiani durch einen diplomatischen Auftrag wegzulocken. Als der Plan misslingt, heuert er einige Banditen an, um Emilia zu entführen. Pirro und Angelo unterhalten sich über diese Aktion.

3. Die Wagen, die Emilia und Appiani zur Hochzeit nach dem Landgut Sabionetta bringen sollen, werden überfallen. Appiani kommt uns Leben und Emilia wird in das „zufällig nahe gelegene" Lustschloss Dosalo gebracht, wo sie sich dem Prinzen Gonzaga gegenübersieht.

4. Inzwischen haben ihre Eltern von dem Unfall gehört und sind nach Dosalo geeilt, wo der Vater mit dem Prinzen abzurechnen gedenkt. Aber auch die Gräfin Orsina, die ehemalige Geliebte Gonzagas, hat sich in das Lustschloss begeben. In ihrer Eifersucht hat sie sogleich die Zusammenhänge erkannt und so klärt sie nur zu gern den Vater über die Tücke des Prinzen auf.

5. Der Vater sieht schließlich keinen anderen Ausweg mehr, als sein Kind zu töten, um es vor der Schande zu bewahren, als zeitweilige Geliebte des Prinzen ihre bürgerliche Ehre zu verlieren.

verändert, nachs: Arpe, Verner (1979):
Knaurs Schauspielführer . Eine Geschichte des Dramas, München/Zürich: Droemer Knaur, S. 136.

1. Übersicht über mögliche thematische Zugänge

Und so endet das Drama:

Fünfter Aufzug
Achter Auftritt

Der Prinz. Marinelli. Die Vorigen.

Der Prinz (*im Hereintreten*): Was ist das? – Ist Emilien nicht wohl?
Odoardo: Sehr wohl, sehr wohl!
Der Prinz (*indem er näher kömmt*): Was seh ich? – Entsetzen!
Marinelli: Weh mir!
Der Prinz: Grausamer Vater, was haben Sie getan!
Odoardo: Eine Rose gebrochen, ehe der Sturm sie entblättert. – War es nicht so, meine Tochter?
Emilia: Nicht Sie, mein Vater – Ich selbst – ich selbst –
Odoardo: Nicht du, meine Tochter – nicht du! – Gehe mit keiner Unwahrheit aus der Welt. Nicht du, meine Tochter! Dein Vater, dein unglücklicher Vater!
Emilia: Ah – mein Vater – (*Sie stirbt, und er legt sie sanft auf den Boden.*)
Odoardo: Zieh hin! – Nun da, Prinz! Gefällt sie Ihnen noch? Reizt sie noch Ihre Lüste? Noch, in diesem Blute, das wider Sie um Rache schreiet? (*Nach einer Pause.*) Aber Sie erwarten, wo das alles hinaus soll? Sie erwarten vielleicht, dass ich den Stahl wider mich selbst kehren werde, um meine Tat wie eine schale Tragödie zu beschließen? Sie irren sich. Hier! (*Indem er ihm den Dolch vor die Füße wirft.*) Hier liegt er, der blutige Zeuge meines Verbrechens! Ich gehe und liefere mich selbst in das Gefängnis. Ich gehe und erwarte Sie als Richter – Und dann dort – erwarte ich Sie vor dem Richter unser aller!
Der Prinz (*nach einigem Stillschweigen, unter welchem er den Körper mit Entsetzen und Verzweiflung betrachtet, zu Marinelli*): Hier! heb ihn auf. – Nun? Du bedenkst dich? – Elender! – (*Indem er ihm den Dolch aus der Hand reißt.*) Nein, dein Blut soll mit diesem Blute sich nicht mischen. – Geh, dich auf ewig zu verbergen! – Geh! sag ich. – Gott! Gott! – Ist es, zum Unglücke so mancher, nicht genug, dass Fürsten Menschen sind: müssen sich auch noch Teufel in ihren Freund verstellen?

WIEDERGABE DES INHALTS

1 Geben Sie auf einer halben DIN-A-4-Seite den Inhalt des Dramenauszuges mit eigenen Worten wieder. Heften Sie dieses anschließend in Ihr Arbeitsheft ein.

2 a) Ordnen Sie den letzten Auftritt kurz in den Gesamtzusammenhang ein, indem Sie die Zusammenfassung aus dem Schauspielführ heranziehen. (Den vollständigen Dramentext finden Sie unter http://gutenberg.spiegel.de/buch/emilia-galotti-1174/1)

E. Analyse und Interpretation dramatischer Texte

b) Zusatzaufgabe für die, die den Text ganz gelesen haben: Fertigen Sie auf einem gesonderten Blatt eine Tabelle an, die eine Art Synopse des Geschehens darstellen soll, in der Sie die unten stehende Einteilung vornehmen und jeweils der Reihenfolge nach die entsprechenden Eintragungen vornehmen:

Aufzug/ Akt	Auftritt/ Szene	Ort	Zeit	Figuren	Handlung
1	1	Kabinett des Prinzen	Morgen	Prinz von Guastalla, Kammerherr	Bearbeitung von Korrespon-Denz; Prinz denkt ‚verliebt' an Emilia Galotti; möchte nichts mehr von seiner Ex-Geliebten Gräfin Orsina wissen; der Maler Conti bittet um Einlass
usw.					

Heften Sie auch diese Tabelle in Ihr Arbeitsheft ein.

2. Gesamtaussage (als mögliche Einleitung für die Gesamtinterpretation)

3 Vervollständigen Sie den folgenden Satz, indem Sie diese Informationen ergänzen: Thema des Dramas, Literaturepoche und Form des Dramas. Ziehen Sie ergänzend Informationen aus dem Internet hinzu.

In dem Drama ‚Emilia Galotti' von Gotthold Ephraim Lessing ...

_____
_____
_____
_____
_____
_____
_____
_____
_____
_____

Die Lehre von den drei Einheiten – nach Aristoteles (384–322 v. Chr.)

Die Tragödie ist „die Nachahmung einer in sich geschlossenen und ganzen Handlung (…), die eine bestimmte Größe hat; es gibt ja auch etwas Ganzes ohne nennenswerte Größe. Ein Ganzes ist, was Anfang, Mitte und Ende hat. (…) Demnach muss …(auch die Tragödie) …die Nachahmung einer einzigen, und zwar einer ganzen Handlung sein." (6.)
„(…) die Tragödie versucht, sich nach Möglichkeit innerhalb eines einzigen Sonnenumlaufs zu halten und nur wenig darüber hinauszugehen." (5.)
Dass die Tragödie sich nur an einem Ort abspielen darf, fordert Aristoteles nicht ausdrücklich, wird ihm aber zugeschrieben. *(Aristoteles: Poetik (1989), Stuttgart: Reclam)*

Gemäß diesen Vorstellungen sollten die drei Einheiten Zeit, Raum und Handlung eines Dramas einheitlich bleiben – somit sollten Zeitsprünge, Ortswechsel und Nebenhandlungen vermieden werden.

4 Stellen Sie fest, ob sich Lessing an diese Vorgaben hält, indem Sie das Nicht-Zutreffende streichen und folgende Sätze ergänzen:

Die Einheit der Handlung wird eingehalten/nicht eingehalten, weil

_____

_____

_____

Die Einheit des Ortes wird eingehalten/nicht eingehalten, weil

_____

_____

_____

Die Einheit der Zeit wird eingehalten/nicht eingehalten, weil

_____

_____

_____

3. Handlungsgliederung: Klassische Struktur des Dramas – nach Gustav Freytag (1816–1895)

Handlungsgliederung: Die Handlung eines Dramas lässt sich charakterisieren als Kette von Begebenheiten, an denen meist mehrere Figuren beteiligt sind.
Lessings Tragödie besteht aus fünf Aufzügen – auch Akte genannt (bei anderen Autoren auch auf drei Akte komprimiert). Darüber hinaus werden diese Aufzüge wiederum in Auftritte (auch Szenen oder Bilder) gegliedert.
Das bislang gängigste Modell zur Charakterisierung der dramatischen Phasen innerhalb einer fünfaktigen Tragödie hat Gustav Freytag (Die Technik des Dramas, 1863) entworfen:

Akt 3
HÖHEPUNKT (PERIPETIE)
Die Handlung erreicht ihren Höhepunkt (Klimax)

Akt 2
STEIGERUNG
Steigende Handlung – mit erregendem Moment (Katastase). Die Situation verschärft sich.

Akt 4
RETARDIERENDES MOMENT
Fallende Handlung mit hinhaltenden Momenten. Die Handlung verlangsamt sich, um in einer Phase der höchsten Spannung auf die bevorstehende Katastrophe hinzuarbeiten.

Akt 1
EXPOSITION
Die handelnden Figuren werden eingeführt, der dramatische Konflikt kündigt sich an.

Akt 5
KATASTROPHE
Es kommt zur zu einem schweren Unglück.

E. Analyse und Interpretation dramatischer Texte

5 Prüfen Sie, ob diese Einteilung auch für das Drama Lessings gilt, indem Sie folgende Tabelle ausfüllen.

1. Aufzug	2. Aufzug	3. Aufzug	4. Aufzug	5. Aufzug

6 Stellen Sie einen Zusammenhang her zwischen dem Verlauf der Handlungskurve und dem Spannungsverlauf?

4. Definition und Funktionen des Dramas/der Tragödie

In der Geschichte des Dramas hat es bis heute sehr unterschiedliche Vorstellungen davon gegeben, was ein Drama ist. Eng damit verbunden ist die Frage, welche Funktion bzw. welchen Zweck denn ein Drama haben sollte.

Definition: *„Drama (gr. dr**a**n = tun, handeln) ist Oberbegriff für die dichterische Gestaltung eines durch Rollenträger vorgeführten Geschehens."*
(Braak, Ivo (2007): Poetik in Stichworten. Literaturwissenschaftliche Grundbegriffe – Eine Einführung, Berlin/Stuttgart: Borntraeger, S. 275)

7 Fassen Sie den Fachwörterlexikon-Eintrag mit eigenen Worten zusammen, indem Sie die Begriffe „Tragödie", „Komödie" und „Tragikomödie" integrieren:

Drama

Allgemeines: Das Drama (griech. Handlung) ist neben Lyrik und Epik eine der drei Grundformen der Dichtung. Dramen entfalten meist einen **Konflikt** und seine Lösung. Ein Drama ist für die Aufführung im Theater bestimmt. Es ist in der Regel in **Akte** (Aufzüge) unterteilt; jeder Akt enthält häufig mehrere **Szenen** (Auftritte).
Der erste Akt eines Dramas erfüllt meist die Funktion eine **Exposition** (lat. Darlegung), in der die Hauptfiguren (Protagonisten vorgestellt und in den zentralen Konflikt eingeführt wird.)
Der Dramentext enthält **Dialoge** und **Monologe**, die die Schauspielerinnen und Schauspieler sprechen, sowie **Regieanweisungen** (Nebentexte).
Im **Drama** sind die Figuren direkt Träger der Handlung. Durch ihre Beziehung zueinander **(Figurenkonstellation)**, ihr Verhalten und ihre Auseinandersetzungen **(Interaktion)** entstehen **Konflikte**, die Spannung erzeugen. Dem Zuschauer muss besonders das **innere Geschehen** (Gedanken und Gefühle) im Gegensatz zum **äußeren Geschehen** durch Sprache und andere Ausdrucksformen (z. B.: Gestik, Mimik) verdeutlicht werden. Hierdurch erschließen sich für den Zuschauer die **Motive des Handelns** und somit auch die **Charakterzüge** der Figuren.
Die klassische griechische Tragödie: Im Zentrum steht ein schicksalhaft verlaufender Konflikt zwischen dem Protagonisten und einer höheren sittlichen Weltordnung, in dessen Verlauf also der Held notwendig scheitert. Durch das Unterliegen des leidenden Helden werden in der Tragödie existentielle Fragen gestellt, die sich auf die Freiheit, Schuldhaftigkeit, Identität, den Sinn und das Verhältnis des Menschen zu anderen und zu Gott beziehen.
Ursprünglich war die attische Tragödie als Heldensage Teil einer religiösen Zeremonie im Heiligtum des Dionysos. Lediglich einem Schauspieler (später erst zwei, dann drei) mit Maske stand ein Chor gegenüber, der ihm antwortete. Aristoteles hebt hervor, dass die Handlung in sich geschlossen und „würdig" aufgrund ihres bedeutsamen Gehalts sein soll, um somit die Effekte „Jammer" und „Schaudern" hervorrufen zu können, von denen die Tragödie den Zuschauer läutert (Katharsis).
Die bekanntesten Tragödiendichter sind Aischylos, Sophokles und Euripides.
Dramatische Formen: *Komödie:* Es werden in Scheinkonflikten und Missverständnissen, die sich am Schluss auf heitere Weise auflösen, menschliche Schwächen aufgedeckt. *Tragödie:* Ein schicksalhafter Konflikt führt ausweglos zu einem unglücklichen Ende. *Tragikomödie:* Komische und tragische Aspekte werden kontrastreich und zur Steigerung der Intensität miteinander verknüpft.

(Originalbeitrag)

Aristoteles (384–322 v. Chr.)

„Die Tragödie ist die Nachahmung einer guten und in sich geschlossenen Handlung von bestimmter Größe, in anziehend geformter Sprache, wobei diese formenden Mittel in den einzelnen Abschnitten je verschieden angewandt werden – Nachahmung von Handelnden und nicht durch Bericht, die Jammer und Schaudern hervorruft und hierdurch eine Reinigung von derartigen Erregungszuständen bewirkt."

(Aristoteles: Poetik (1989), Stuttgart: Reclam, S. 19.)

Gotthold Ephraim Lessing (1729–1781)

„Wenn es also wahr ist, dass die ganz Kunst des tragischen Dichters auf die sichere Erregung und Dauer des einzigen Mitleidens geht, so sage ich nunmehr, die Bestimmung der Tragödie ist diese: sie soll unsere Fähigkeit, Mitleid zu fühlen, erweitern. (…) Der mitleidigste Mensch ist der beste Mensch, zu allen gesellschaftlichen Tugenden, zu allen Arten der Großmut der aufgelegteste. Wer uns also mitleidig macht, macht uns besser und tugendhafter."

(Lessing, Gotthold Ephraim (1924): Sämtliche Schriften, herausgegeben von Karl Lachmann. 3. durchgesehene und vermehrte Auflage, besorgt durch Franz Muncker, Bd.1–23, Stuttgart, Leipzig, Berlin und Leipzig: Göschen 1886–1924 [Reprint Berlin: de Gruyter 1968].)

„Die Namen von Fürsten und Helden können einem Stück Pomp und Majestät geben; aber zur Rührung tragen sie nichts bei. Das Unglück derjenigen, deren Umstände den unsrigen am nächsten kommen, muss natürlicherweise am tiefsten in unsere Seele dringen; und wenn wir mit Königen Mitleiden haben, so haben wir es mit ihnen als mit Menschen, und nicht als mit Königen. Macht ihr Stand schon öfters ihre Unfälle wichtiger, so macht er sie darum nicht interessanter."

(Lessing, Gotthold Ephraim (1767): Hamburgische Dramturgie. Stuttgart: Reclam (1981), S. 77.)

8 Vervollständigen Sie auf der Basis der drei Textauszüge in Stichworten die folgende Tabelle zu den wesentlichen Funktionen und Merkmalen der Tragödie:

Aristoteles	Lesssing

9 Lessing bezieht sich in seinen Bemerkungen auch auf die sog. ‚Ständeklausel'. Hiermit ist gemeint, dass nur Angehörige der höheren Stände als Protagonisten in der Tragödie mitwirken sollten (Grund: Fallhöhe); für den niederen bürgerlichen Stand ist die Komödie vorgesehen. Stellen Sie diesbezüglich Bezüge her zu den Aussagen Lessings und zu seiner Tragödie Emilia Galotti.

5. Konflikt/Konfliktarten

Konflikt: Zusammenstoß gegensätzlicher Interessen oder Bedürfnisse – Kern des Dramas.

10 Prüfen Sie, ob folgende Konfliktarten in Lessings Emilia Galotti zum Tragen kommen, indem Sie diese – wenn vorhanden – stichwortartig benennen.

Innerer Konflikt
(Ich – Über-Ich – Es; Ego – Alter-Ego)

_____
_____
_____
_____

Äußerer Konflikt
(Individuum – Umwelt)

_____
_____
_____
_____

Gesellschaftlicher Konflikt
(soziale Gruppe/Schicht – Gesellschaft)

_____
_____
_____
_____

Abstrakter Konflikt
(Idee – Idee)

_____
_____
_____
_____

11 Unterstreichen Sie den für Sie in dem Stück zentralen Konflikt und geben Sie eine kurze Begründung für ihre Wahl.

Begründung: _____
_____
_____
_____
_____

E. Analyse und Interpretation dramatischer Texte

12 Man nennt diese Form des Dramas – die Emilia Galotti repräsentiert – nach dem Literaturwissenschaftler Volker Klotz, auch ‚geschlossenes Drama'. Stellen Sie stichwortartig die herausgearbeiteten Elemente dieser Dramenform zusammen im Hinblick auf:

die Lehre von den drei Einheiten:
_____
_____
_____

die klassische Struktur (nach Freytag):
_____
_____
_____

die Funktionen und Merkmale (nach Aristoteles und Lessing):
_____
_____
_____

Georg Büchner: Woyzeck (1836/1837) – Ein Fragment.

Personen: Woyzeck; Marie; Hauptman; Doktor; Tambourmajor; Unteroffizier; Andreas; Margret; Budenbesitzer; Marktschreier; alter Mann am Leierkasten; Jude; Wirt; zwei Handwerksburschen; Käthe; – **Ort:** Feld; Stadt; Rummelplatz; Mariens Kammer; Wirtshaus; Kaserne, am Teich – **Zeit:** 1836/37 – **Uraufführung:s** 1913 in München.

Der Soldat Franz Woyzeck hat auf der Welt nur seine Geliebte Marie und sein Kind, die ihm Halt geben. Um sie versorgen zu können, nimmt er als Versuchsobjekt an medizinischen Experimenten teil, die ihn gesundheitlich schwer schädigen. Als sich seine Geliebte von einem Tambourmajor verführen lässt und er zusätzlich gedemütigt wird, weiß er keinen anderen Ausweg mehr als den Mord an seiner ihm untreuen Geliebten.

Textauszug: Erste Szene

Beim Hauptmann
Hauptmann auf dem Stuhl, Woyzeck rasiert ihn.

Hauptmann: Langsam, Woyzeck, langsam; eins nach dem andern! Er macht mir ganz schwindlig. Was soll ich dann mit den 10 Minuten anfangen, die Er heut zu früh fertig wird? Woyzeck, bedenk Er, Er hat noch seine schönen dreißig Jahr zu leben, dreißig Jahr! Macht dreihundertsechzig Monate! und Tage! Stunden! Minuten! Was will Er denn mit der ungeheuren Zeit all anfangen? Teil Er sich ein, Woyzeck!

Woyzeck: Jawohl, Herr Hauptmann.

Hauptmann: Es wird mir ganz angst um die Welt, wenn ich an die Ewigkeit denke. Beschäftigung, Woyzeck, Beschäftigung! Ewig: das ist ewig, das ist ewig – das siehst du ein; nur ist es aber wieder nicht ewig, und das ist ein Augenblick, ja ein Augenblick – Woyzeck, es schaudert mich, wenn ich denke, daß sich die Welt in einem Tag herumdreht. Was'n Zeitverschwendung! Wo soll das hinaus? Woyzeck, ich kann kein Mühlrad mehr sehen, oder ich werd melancholisch.

Woyzeck: Jawohl, Herr Hauptmann.

Hauptmann: Woyzeck, Er sieht immer so verhetzt aus! Ein guter Mensch tut das nicht, ein guter Mensch, der sein gutes Gewissen hat. – Red er doch was Woyzeck! Was ist heut für Wetter?

Woyzeck: Schlimm, Herr Hauptmann, schlimm: Wind!

Hauptmann: Ich spür's schon. 's ist so was Geschwindes draußen: so ein Wind macht mir den Effekt wie eine Maus. – Pfiffig: Ich glaub', wir haben so was aus Süd-Nord?

Woyzeck: Jawohl, Herr Hauptmann.

Hauptmann: Ha, ha ha! Süd-Nord! Ha, ha, ha! Oh, Er ist dumm, ganz abscheulich dumm! – Gerührt: Woyzeck, Er ist ein guter Mensch – aber – Mit Würde: Woyzeck, Er hat keine Moral! Moral, das ist, wenn man moralisch ist, versteht Er. Es ist ein gutes Wort. Er hat ein Kind ohne den Segen der Kirche, wie unser hochwürdiger Herr Garnisionsprediger sagt – ohne den Segen der Kirche, es ist nicht von mir.

Woyzeck: Herr Hauptmann, der liebe Gott wird den armen Wurm nicht drum ansehen, ob das Amen drüber gesagt ist, eh er gemacht wurde. Der Herr sprach: Lasset die Kleinen zu mir kommen.

Hauptmann: Was sagt Er da? Was ist das für eine kuriose Antwort? Er macht mich ganz konfus mit seiner Antwort. Wenn ich sag': Er, so mein' ich Ihn, Ihn –

Woyzeck: Wir arme Leut – Sehn Sie, Herr Hauptmann: Geld, Geld! Wer kein Geld hat – Da setz einmal eines seinesgleichen auf die Moral in der Welt! Man hat auch sein Fleisch und Blut. Unsereins ist doch einmal unselig in der und der andern Welt. Ich glaub', wenn wir in Himmel kämen, so müßten wir donnern helfen.

Hauptmann: Woyzeck, Er hat keine Tugend! Er ist kein tugendhafter Mensch! Fleisch und Blut? Wenn ich am Fenster lieg', wenn's geregnet hat, und den weißen Strümpfen nachseh', wie sie über die Gassen springen – verdammt, Woyzeck, da kommt mir die Liebe! Ich hab' auch Fleisch und Blut. Aber, Woyzeck, die Tugend! Die Tugend! Wie sollte ich dann die Zeit rumbringen? Ich sag' mir immer: du bist ein tugendhafter Mensch – gerührt: –, ein guter Mensch, ein guter Mensch.

Woyzeck: Ja, Herr Hauptmann, die Tugend – ich hab's noch nit so aus. Sehn Sie: wir gemeine Leut, das hat keine Tugend, es kommt nur so die Natur; aber wenn ich ein Herr wär und hätt' ein' Hut und eine Uhr und eine Anglaise und könnt' vornehm rede, ich wollt' schon tugendhaft sein. Es muß was Schönes sein um die Tugend, Herr Hauptmann. Aber ich bin ein armer Kerl!

Hauptmann: Gut, Woyzeck. Du bist ein guter Mensch, ein guter Mensch. Aber du denkst zuviel, das zehrt; du siehst immer so verhetzt aus. – Der Diskurs hat mich ganz angegriffen. Geh jetzt, und renn nicht so; langsam, hübsch langsam die Straße hinunter!

6. Figuren

13 Fertigen Sie auf der Basis des Textauszuges (erste Szene) einen Steckbrief des Hauptmanns an.

Steckbrief

Name: Alter/Aussehen:

Beruf: Stand/Status:

Sprachgebrauch: Vorlieben/Ängste:

Lebenseinstellung:

Zentrale Charakterzüge:

14 Entwerfen Sie nach der Rezeption des vollständigen Dramentextes (frei zugänglich unter http://gutenberg.spiegel.de/buch/woyzeck-419/3) auf einem gesonderten Blatt anhand des oben aufgeführten Schemas jeweils einen Steckbrief für Woyzeck, Marie und den Tambourmajor. Heften Sie diese Steckbriefe in Ihr Arbeitsheft ein.

15 Ist Woyzeck ein Held (aktiv handelnde Hauptfigur eines Dramas) oder ein Anti-Held (passive oder negative Hauptfigur)? Vervollständigen Sie folgende Sätze zur Beurteilung des Verhaltens Woyzecks und geben Sie Textstellen als Beleg an:

Woyzeck wird von Marie _____

Woyzeck wird vom Hauptmann _____

Woyzeck wird vom Tambourmajor _____

Woyzeck wird vom Doktor _____

Woyzeck sieht sich selbst als _____

Woyzeck wirkt auf andere _____

Formulieren Sie eine abschließende Aussage zur Charakterisierung der Figur Woyzeck: *Woyzek ist ein Held/Antiheld, weil ...*

E. Analyse und Interpretation dramatischer Texte

7. Figurenkonstellation

16 Tragen Sie in dem folgenden Soziogramm (d. i. eine graphische Darstellung der Beziehungen in einer Gruppe), die Namen der vier Figuren aus den Steckbriefen ein und zeichnen Sie Linien, die die Beziehungen der Figuren zueinander deutlich werden lassen (z.B. soziale Rolle: gleich/ungleich (über-/untergeordnet); Nähe: vertraut/fremd; Verhältnis: Freund/Feind; Bedeutung: Helfer/Hinderer). Benutzen Sie auch Symbole zur Kennzeichnung der Art der Beziehung.

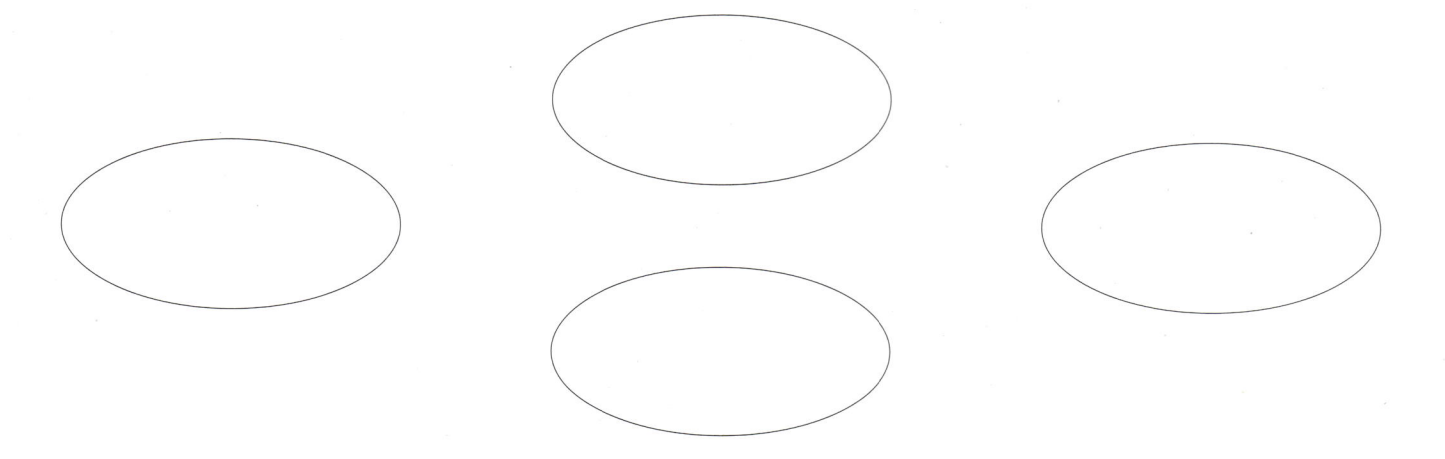

8. Figurenrede

17 Formulieren Sie den Dialog (s. Textauszug erste Szene) zwischen dem Hauptmann und Woyzeck jeweils in Monologe um.

Hauptmann:
_____
_____
_____
_____
_____
_____
_____
_____
_____
_____

Woyzeck:
_____
_____
_____
_____
_____
_____
_____
_____
_____

8. Figurenrede

18 Vergleichen Sie Ihre Monologe mit den Dialogen des Dramas und arbeiten Sie Unterschiede in der Wirkung heraus.

Wirkung der Dialoge:

Wirkung der Monologe:

E. Analyse und Interpretation dramatischer Texte

9. Sprachgebrauch

> **▶ Wissen**
>
> Folgende Merkmale zeichnen in der Regel die Sprache des klassischen (aristotelischen) Dramas aus, wie sie sich beispielsweise auch in Lessings Emilia Galotti zeigen:
> a) kunstvoll gegliederte Dialoge durch das Ineinandergreifen von Rede und Gegenrede,
> b) das Aufeinander-Eingehen mit dem Ziel der Verständigung,
> c) Dialogbereitschaft („sich aussprechen lassen"),
> d) Einhaltung grammatischer Regeln,
> e) gehobene Sprache (auch Versform).

19 Prüfen Sie, ob die genannten Merkmale auch auf das Drama Woyzeck zutreffen (mit Angabe des Textbelegs), und charakterisieren Sie die Art der Abweichung:

Zutreffendes hier einordnen – Textbeleg (Szene)	Art der Abweichung
a)	
b)	
c)	
d)	
e)	

9. Sprachgebrauch

20 In der Sekundärliteratur finden sich häufig in Interpretationen folgende Hinweise auf thematische Ausrichtungen bzw. zentrale Konflikte des Dramas. Ergänzen Sie jeweils hinter den Stichworten, ob und – wenn ja – inwiefern dieses Thema hier vorliegt (Informieren Sie sich auch bei begrifflichen Unklarheiten über entsprechende Interpretationsansätze im Internet):

– Eifersucht:

– moralischer Verfall aufgrund von Ungleichheit:

– Teufelskreis der Verarmung der Unterschichten (Pauperismus):

– der Mensch als Produkt ökonomisch-gesellschaftlicher Verhältnisse:

– die Frage nach der Schuldfähigkeit Woyzecks (eines Mörders):

– Dichtung als reale Geschichtsschreibung:

– Aufzeigen gesellschaftlicher Unterdrückungsmechanismen:

E. Analyse und Interpretation dramatischer Texte

– die Frage nach der Ethik der Wissenschaft/Forschung:

– das Drama als politisches Werkzeug:

– der Mensch als Ergebnis der ‚Dialektik der Aufklärung':

– Skepsis gegenüber dem Fortschrittsoptimismus durch wissenschaftliche Forschung:

21 Im Gegensatz zu Lessings Emilia Galotti wird Büchners Woyzeck als ‚offenes Drama' bezeichnet. Stellen Sie stichwortartig dar, inwiefern hier mit den herausgearbeiteten Elementen der geschlossenen Dramenform gebrochen wird:

die Lehre von den drei Einheiten:

die klassische Struktur (nach Freytag):

die Funktionen und Merkmale (nach Aristoteles und Lessing):

10. Klausuraufgabe

Text aus *Georg Büchner: Woyzeck*

Buden. Lichter. Volk.

Alter Mann *singt und Kind tanzt zum Leierkasten:*
Auf der Welt ist kein Bestand,
Wir müssen alle sterben,
das ist uns wohlbekannt.
Woyzeck: Hei, Hopsa's! – Armer Mann, alter Mann! Armes Kind, junges Kind! Sorgen und Feste!
Marie: Mensch, sind noch die Narrn von Verstande, dann ist man selbst ein Narr. – Komische Welt! Schöne Welt!

Beide gehn weiter zum Marktschreier.

Marktschreier *vor seiner Bude mit seiner Frau in Hosen und einem kostümierten Affen*: Meine Herren, meine Herren! Sehn Sie die Kreatur, wie sie Gott gemacht: nix, gar nix. Sehn Sie jetzt die Kunst: geht aufrecht, hat Rock und Hosen, hat ein' Säbel! Der Aff ist Soldat; s' ist noch nicht viel, unterste Stuf von menschliche Geschlecht. Ho! Mach Kompliment! So – bist Baron. Gib Kuß! – Er trompetet: Wicht ist musikalisch. – Meine Herren, hier ist zu sehen das astronomische Pferd und die kleine Kanaillevögele. Sind Favorit von alle gekrönte Häupter Europas, verkündigen den Leuten alles: wie alt, wieviel Kinder, was für Krankheit. Die Repräsentationen anfangen! Es wird sogleich sein Commencement von Commencement.
Woyzeck: Willst Du?
Marie: Meinetwegen. Das muß schön Ding sein. Was der Mensch Quasten hat! Und die Frau Hosen!

Beide gehn in die Bude.

Tambourmajor: Halt, jetzt! Siehst du sie! Was ein Weibsbild!
Unteroffizier: Teufel! Zum Fortpflanzen von Kürassierregimentern!
Tambourmajor: Und zur Zucht von Tambourmajors!
Unteroffizier: Wie sie den Kopf trägt! Man meint, das schwarze Haar müßt' sie abwärts ziehn wie ein Gewicht. Und Augen –
Tambourmajor: Als ob man in ein' Ziehbrunnen oder zu einem Schornstein hinunter guckt. Fort, hintendrein! –

Das Innere der hellerleuchteten Bude

Marie: Was Licht!
Woyzeck: Ja, Marie, schwarze Katzen mit feurigen Augen. Hei, was ein Abend!
Der Budenbesitzer *ein Pferd vorführend*: Zeig dein Talent! Zeig deine viehische Vernünftigkeit! Beschäme die menschliche Sozietät! Meine Herren, dies Tier, was Sie da sehn, Schwanz am Leib, auf seine vier Hufe, ist Mitglied von alle gelehrt Sozietät, ist Professor an unsre Universität, wo die Studente bei ihm reiten und schlagen lernen. – Das war einfacher Verstand. Denk jetzt mit der doppelten Raison! Was machst du, wann du mit der doppelten Raison denkst? Ist unter der gelehrten Société da ein Esel? – Der Gaul schüttelt den Kopf. – Sehn Sie jetzt die doppelte Raison? Das ist Viehsionomik. Ja, das ist kein viehdummes Individuum, das ist ein Person, ein Mensch, ein tierischer Mensch – und doch ein Vieh, ein Bête. – Das Pferd führt sich ungebührlich auf. – So, beschäme die Société. Sehn Sie, das Vieh ist noch Natur, unideale Natur! Lernen Sie bei ihm! Fragen Sie den Arzt, es ist sonst höchst schädlich! Das hat geheißen: Mensch, sei natürlich! Du bist geschaffen aus Staub, Sand, Dreck. Willst du mehr sein als Staub, Sand, Dreck? – Sehn Sie, was Vernunft: es kann rechnen und kann doch nit an den Fingern herzählen. Warum? Kann sich nur nit ausdrücken, nur nit explizieren, ist ein verwandelter Mensch. Sag den Herren, wieviel Uhr ist es! Wer von den Herren und Damen hat ein Uhr? ein Uhr?
Unteroffizier: Eine Uhr? – *Zieht großartig und gemessen eine Uhr aus der Tasche*: Da, mein Herr!
Marie: Das muß ich sehn. – *Sie klettert auf den ersten Platz; Unteroffizier hilft ihr.*
Tambourmajor: Das ist ein Weibsbild.

Aufgaben:
1. Geben Sie die Szene mit eigenen Worten wieder und ordnen Sie diese kurz in die Gesamthandlung des Stückes ein.
2. Erläutern Sie – ausgehend von dem Textausschnitt – die Charaktermerkmale der Figuren Woyzeck, Marie und Tambourmajor und setzen Sie diese in eine Beziehung zueinander.
3. Diese Szene hat Büchner in der letzten Entwurfsskizze des Woyzeck nicht aufgeführt. Begründen Sie, wieso die meisten heutigen Herausgeber sie dennoch aufnehmen, indem Sie sich mit der Bedeutung der Szene für die Gesamthandlung auseinandersetzen.

F. Analyse und Interpretation lyrischer Texte

1. Schwerpunkte I und II: Sprecherintention und Formmerkmale

> **▶ Wissen 1**
>
> **Sprecherintention:**
>
> Ein Sprecher, zumeist das lyrische Ich, vermittelt das Geschehen, seine Gedanken und Gefühle.
> Seine Aussage zu analysieren, stellt einen zentralen Aspekt der Gedichtinterpretation dar und kann diese oft in ihren weiteren Schritten leiten.
> Die Auswahl und Gewichtung der Formmerkmale und sprachlichen Mittel sollte im Hinblick auf die mögliche Aussageintention vorgenommen werden.

Erich Kästner: Das Eisenbahngleichnis

Wir sitzen alle im gleichen Zug
und reisen quer durch die Zeit.
Wir sehen hinaus. Wir sahen genug.
Wir fahren alle im gleichen Zug.
Und keiner weiß, wie weit.

Ein Nachbar schläft. Ein andrer klagt.
Der Dritte redet viel.
Stationen werden angesagt.
Der Zug, der durch die Jahre jagt,
kommt niemals an sein Ziel.

Wir packen aus. Wir packen ein.
Wir finden keinen Sinn.
Wo werden wir wohl morgen sein?
Der Schaffner schaut zur Tür hinein
und lächelt vor sich hin.

Auch er weiß nicht, wohin er will.
Er schweigt und geht hinaus.
Da heult die Zugsirene schrill!
Der Zug fährt langsam und hält still.
Die Toten steigen aus.

Ein Kind steigt aus. Die Mutter schreit.
Die Toten stehen stumm
am Bahnsteig der Vergangenheit.
Der Zug fährt weiter, er jagt durch die Zeit.
Und niemand weiß, warum.

Die I. Klasse ist fast leer.
Ein dicker Mann sitzt stolz
im roten Plüsch und atmet schwer.
Er ist allein und spürt das sehr.
Die Mehrheit sitzt auf Holz[1].

Wir reisen alle im gleichen Zug
zur Gegenwart in spe[2].
Wir sehen hinaus. Wir sahen genug.
Wir sitzen alle im gleichen Zug.
Und viele im falschen Coupé[3].

Aus: Doktor Erich Kästners Lyrische Hausapotheke. Gedicht für den Hausbedarf der Leser, München: dtv, (1988) ²⁶2011, S. 13 f.

---

1 Holz: Wegen der einfachen Beschaffenheit der Sitzbänke aus Holz wurde die jeweils unterste Wagenklasse in Zügen auch „Holzklasse" genannt.
2 Gegenwart in spe: erhoffte Gegenwart
3 Coupé: Abteil

1. Schwerpunkte I und II: Sprecherintention und Formmerkmale

1 a) Ein Gleichnis ist eine Großform des Vergleichs, mithilfe dessen ein Sachverhalt bzw. Gedanke veranschaulicht werden soll. Deuten Sie den Titel des Gedichts im Hinblick auf den Gehalt des Gedichts, indem Sie folgenden Satz fortführen: *Das Leben ist wie eine Fahrt in der Eisenbahn, weil …*

_____
_____
_____
_____
_____
_____
_____

b) In allen Strophen finden sich pessimistische bzw. negative Aussagen über die Zugreisenden. Übertragen Sie diese auf ihre Bedeutung für das Leben der Menschen.

Str. 1: „Und keiner weiß, wie weit." ➜ Die Länge des Lebens ist ungewiss.

Str. 2: „kommt niemals an sein Ziel." ➜ Auch wenn das Leben zeitlich begrenzt ist, erscheint seine Sinngebung fraglich.

Str. 3: „Wir finden keinen Sinn." ➜

_____
_____

Str. 4: „Auch er weiß nicht, wohin er will." ➜

_____
_____

Str. 5: „Die Toten stehen stumm." ➜

_____
_____

„Die Mehrheit sitzt auf Holz." ➜

_____
_____

Str. 6: „Er ist allein" ➜

_____
_____

„Die Mehrheit sitzt auf Holz." ➜

_____
_____

Str. 7: Und viele im falschen Coupé" ➜

_____
_____

F. Analyse und Interpretation lyrischer Texte

c) Formulieren Sie nun die mögliche Sprecherintention in einem resümierenden Satz:

_____
_____
_____
_____
_____
_____
_____

> **Wissen 2**

Formmerkmale:

- **Gedichtformen:** u. a. Lied, Sonett, Ode (reimlose, erhabene Preisung), Elegie (wehmütige Klage in Distichen), Volkslied/Kunstlied, Hymne (Loblied), Ballade (dramatisches Erzählgedicht), moderne Formen (in Anlehnung an Muster oder in freien Rhythmen); Erlebnislyrik, Reflexionslyrik, Liebeslyrik, politische Lyrik
- **Strophenformen:** u. a. Terzett (3 Verse), Quartett (4 Verse), im Sonett: 2 Quartette u. 2 Terzette, Distichon (Doppelvers aus einem Sechsheber [Hexameter] und einem Fünfheber [Pentameter])
- **Vers:**
  → *Metrum:* je nach Abfolge der betonten (Hebung) und unbetonten (Senkung) Silben: Jambus (xx́), Trochäus (x́x), Anapäst (xxx́) Daktylus (x́xx); Blankvers (reimloser, 5-hebiger Jambus), Alexandriner (6-hebiger Jambus mit Mittelzäsur)
  → *Kadenz* (Versausgang): betonte Silbe (männlich; stumpf); unbetonte Silbe (weiblich; klingend); regelmäßig wechselnd: alternierend
  → Zeilenstil (weitgehende Übereinstimmung von Satz- und Versstruktur) oder Hakenstil (Sätze springen über das Versende hinweg [Enjambements])
  → *Reim:* Endreim: Gleichklang von Vokalen und Konsonanten von dem Vokal der letzten betonten Silbe an: Paarreim (aabb), Kreuzreim (abab), umarmender Reim (abba), verschränkter Reim (abcabc), Schweifreim (aabccb); Binnenreim (innerhalb der Verse); Stabreim (Alliterationsvers, z. B. „Haus und Hof")
- **Rhythmus:** neben dem eher gleichförmigen Metrum harmonische Gliederung durch Betonung, Akzentuierung und Schwingung, z. B. drängend, fließend, steigend, spannend, fallend, lösend
- **Klang:** vor allem durch Vokalgestaltung hervorgerufene Stimmung in enger Verknüpfung mit dem Aussagegehalt
- **Formen uneigentlichen Sprechens** (Bildlichkeit s. u.)

2 Analysieren Sie nun, wie das Gedicht formal gestaltet ist.

a) Gedichtform: Entscheiden und begründen Sie: Erlebnislyrik oder Reflexionslyrik?

_____
_____
_____
_____

b) Vers: „Der Zug fährt weiter, er jagt durch die Zeit.": Ermitteln Sie die Verse, in denen das Metrum vom 3–4-hebigen Jambus abweicht. Analysieren Sie das Metrum und die Funktion dieser formal abweichenden Strophen.

_____
_____
_____
_____

1. Schwerpunkte I und II: Sprecherintention und Formmerkmale

c) Wählen Sie aus den folgenden formalen und sprachlichen Untersuchungsgesichtspunkten drei aus, die Ihnen im Hinblick auf ihre Funktion für die Sprecherintention besonders bedeutsam erscheinen. Begründen Sie Ihre Auswahl:
Reim, Kadenzen, sachlicher Stil, Anapher, Rhythmus, Wiederholung (bzw. Variation der Wiederholung), Strophenform, Zeilen- oder Hakenstil, Klang

3. a) *Das Werk Erich Kästners wird literaturgeschichtlich der „Neuen Sachlichkeit" zugeordnet. Diese bezeichnet u. a. das Bestreben einiger Autoren der Weimarer Republik, Literatur an der komplexen alltäglichen Realität zu orientieren sowie lebensnäher und für ein breiteres Publikum zu schreiben.*
Weisen Sie am Gedicht Merkmale der „Neuen Sachlichkeit" nach.

b) Formulieren Sie nun ein Ergebnis Ihrer Analysen, indem Sie die Beziehung zwischen der möglichen Sprecherintention und formalen Merkmalen verknüpfend resümieren.

4. Analysieren Sie vergleichend die Sprecherintention in Ludwig Tiecks Gedicht:
Zuversicht (Wohlauf! es ruft der Sonnenschein s. Internet http://gutenberg.spiegel.de/buch/gedichte-6471/10).

F. Analyse und Interpretation lyrischer Texte

2. Schwerpunkt III: Bildlichkeit

> **▶ Wissen 3**
>
> **Bildlichkeit:**
>
> - **Bild:** Oberbegriff uneigentlichen Sprechens
> - **Vergleich:** zweier Bedeutungsbereiche, durch „wie" verbunden
> - **Metapher:** Bedeutungsübertragung, meist durch Vergleichbarkeit in einem Punkt, dem tertium comparationis, z. B. Wüstenschiff für Kamel wegen schaukelnder Fortbewegung [Seegang/Passgang]
> - **Personifikation:** Vermenschlichung von Abstraktem, Tierischem, Unbelebtem
> - **Symbol:** sinnlich-anschauliches, emotional wirksames, kulturell festgelegtes Zeichen (z. B. Kreuz), verweist in den Bereich des Typischen, der Idee
> - **Synästhesie:** (von griech. synaisthesis, Zugleichempfinden: Sonderform des metaphorischen Sprechens, in dem zwei oder mehrere Sinnesbereiche [des Sehens, Riechens, Hörens und Tastens] miteinander vermischt werden.
> - **Synekdoche:** vgl. pars pro toto: Mitverstehen: ein Teil, das Einfache vertritt die komplexere Gesamtvorstellung, z. B. „Klinge" für Schwert
> - **Chiffre:** (verschlüsseltes Bild, das sich einer eindeutigen Entschlüsselung entzieht
> - **Emblem:** mitgelieferte Erklärungen enthaltendes Bild, z. B. das memento-mori-Motiv im Barock

Joseph von Eichendorff: Winterlied (ersch. vor 1834)

Mir träumt', ich ruhte wieder
Vor meines Vaters Haus
Und schaute fröhlich nieder
In's alte Tal hinaus.
5 Die Luft mit lindem¹ Spielen
Ging durch das Frühlingslaub,
Und Blüten-Flocken fielen
Mir über Brust und Haupt.

Als ich erwacht, da schimmert
10 Der Mond vom Waldesrand,
Im falben² Scheine flimmert
Um mich ein fremdes Land,
Und wie ich ringsher sehe:
Die Flocken waren Eis,
15 Die Gegend war vom Schneee,
Mein Haar vom Alter weiß.

Aus: Joseph von Eichendorff: Gedichte. Berlin: S. Fischer, 1902

---

1 lind: mild, weich
2 falb: fahl, bleich

Thomas Rosenlöcher: Am frühen Morgen (ersch. nach 1980)

Am frühen Morgen war ich aufgewacht,
als ich durchs Fenster unter mir im Garten
den Apfelbaum sah. Der war auferstanden
in dieser Nacht aus dieser dunklen Nacht
5 und schwerelos vor lauter Blütenschnee.
Mir schwindelte. Dies war der erste Tag,
der je begann. Vordem war Nacht, nur Nacht,
so sehr umschlossen hielt das hohe Blühen
des Universums Kraft. Die Engel sangen.
Und eingegangen war ich längst ins Weiß,
10 als sie schon draußen an der Tür anklopften.
Nicht ich, ein andrer kochte grad Kaffee,
packte sein Zeug, sah noch einmal den Baum,
der noch da stand, als wäre immer Frieden.

Aus: Thomas Rosenlöcher: Ich sitze in Sachsen und schau in den Schnee. Frankfurt a. M.: Suhrkamp, 1998

---

5 Geben Sie den gedanklichen Gehalt der beiden Strophen des „Winterliedes" wieder. Gehen Sie dabei von den blau markierten Verben aus.

2. Schwerpunkt III: Bildlichkeit

6 Analysieren Sie die Formen uneigentlichen Sprechens und ihre Wirkung im Gedicht Eichendorffs.

a) Ordnen Sie den Formen einzelne Beispiele aus dem Gedicht zu (z. B.: Synekdoche: „Vaters Haus", V. 2).

b) Benennen Sie von den Formen bildhaften Sprechens ausgehende Assoziationen und mögliche Deutungsaspekte (z. B. *V. 2: „Vaters Haus"* ➜ *Synekdoche: im Kontext des Traumgehalts Verknüpfung mit ausgestaltetem Bild von idyllischem Ort der Kindheit, die zwar verloren ist, aber als unbeschwerter Vorstellungsbereich des lyrischen Ich Bedeutung gewinnt.*
z. B. *„Eis", V. 14: Kälte, unbelebt, frieren, Emotionslosigkeit)*

F. Analyse und Interpretation lyrischer Texte

7 Deuten Sie – ggf. zusätzlich auf einem gesonderten Blatt – das Gedicht. Beachten Sie dabei, wie die Vermittlung des Inhalts durch die Formen bildhaften Sprechens vorgenommen wird.

2. Schwerpunkt III: Bildlichkeit

8 Analysieren und interpretieren Sie nun eigenständig – ggf. auch auf einem gesonderten Blatt – das Gedicht „Am frühen Morgen" von Thomas Rosenlöcher. Berücksichtigen Sie dabei folgende Aspekte:
- *Abfolge von Naturwahrnehmung und innerer Veränderung des lyrischen Ich*
- *Funktion des religiösen Bildbereichs (rot markierte Wörter)*
- *Wechsel von Nacht und Tag*
- *Hypothese, „ein andrer" (V. 12) kennzeichne das lyrische Ich selbst, in verändertem Zustand*
- *Aufnahme und Veränderung romantischer Bilder (vgl. blaue Pfeile)*

9 Die vorliegenden Gedichte eignen sich auch für Übungen des Gedichtvergleichs, z. B. hinsichtlich des melancholischen Rückblicks auf das Leben (Kästner – Eichendorff) oder hinsichtlich der veränderten Funktion bildhaften Sprechens (Eichendorff – Rosenlöcher).

G. Techniken wissenschaftlichen Arbeitens

1. Anforderungen an wissenschaftliche Arbeiten

Im Rahmen der Beschäftigung und Auseinandersetzung mit wissenschaftlichen Hypothesen und Positionen ist es erforderlich, dass bestimmte formale Kriterien berücksichtigt werden. Der Umfang der Einhaltung bemisst den Grad der formalen Güte einer wissenschaftlichen Arbeit. Einige formale Aspekte sind sachlogisch begründbar (Beispiel: Notwendigkeit einer korrekten Zitation), andere hingegen stellen ein Produkt traditioneller Gepflogenheiten dar (Gestaltung des Deckblatts einer wissenschaftlichen Arbeit).

AUFBAU UND FORMALE GESTALTUNG – GLIEDERUNG

> **Wissen 1**
>
> **Formalien:**
>
> **Vorspann**
> - *Titel-/Deckblatt:* Name der Institution, Art der Arbeit/Prüfungsleistungsform (z. B. Hausarbeit), Titel der Ausarbeitung, Vorname und Nachname der Verfasserin/des Autors, Name des Betreuers bzw. der Gutachter, Abgabedatum
> - *Inhaltsverzeichnis, ggf. Abbildungs-, Symbol bzw. Tabellenverzeichnis* (können auch dem Nachspann zugeordnet werden)
>
> | Inhaltsverzeichnis | | Inhalt | |
> |---|---|---|---|
> | A. Einleitung/Einführung | 01 | 1. Vorwort | 01 |
> | 1. … | 02 | 2. … | 03 |
> | 2. … | 03 | 2.1 … | 03 |
> | | | 2.2 … | 05 |
> | B. … (Hauptteil) | 04 | 3. … | 07 |
> | 1. … | 04 | 3.1 … | 10 |
> | 2. … | 07 | 3.2 … | 12 |
> | 2.1 … | 07 | 3.3 … | 14 |
> | … | | … | |
> | C. … (Schluss) | 12 | 4. … (Schluss) | 15 |
> | D. Anhang | 27 | Anhang | 27 |
> | Literaturverzeichnis | 29 | Literaturverzeichnis | 29 |
> | Abkürzungsverzeichnis | 30 | Abkürzungsverzeichnis | 30 |
>
> **Textteil**
> - *Einleitung* (Problemstellung, erkenntnisleitende Fragestellung, Zielsetzung, Aufbau)
> - *Hauptteil* (Darstellung des aktuellen Forschungsstandes, Definitionen
>   *Methode* (Darstellung der Daten, Auswertung und Resultate, Interpretation der Ergebnisse im Hinblick auf die erkenntnisleitende Fragestellung, Bewertung)
> - *Schluss* (Resümee/Fazit/Ergebniszusammenfassung, Rück- oder Ausblick)
>
> **Nachspann**
> - *Literaturverzeichnis* (Prinzip der Vollständigkeit, nur die verwendete Literatur aufführen, alphabetische Ordnung)
> - ggf. *Abkürzungsverzeichnis, Glossar, Anhang*
> - *Eidesstattliche Versicherung/ehrenwörtliche Erklärung*
>   (Hiermit versichere ich, dass ich die […] selbstständig angefertigt, keine anderen als die angegebenen Hilfsmittel benutzt und die Stellen der Arbeit, die im Wortlaut oder im wesentlichen Inhalt anderen Werken entnommen wurden, mit genauer Angabe der Quelle kenntlich gemacht habe. Ort, Datum, Unterschrift)

2. Sprachliche Gestaltungshinweise – „Wissenschaftssprache"

1 Gliederungspuzzle: Erstellen Sie auf einem gesonderten Blatt aus den folgenden Gliederungspunkten, die vollständig durcheinander geraten sind, ein schlüssiges Inhaltsverzeichnis. Das Thema der Hausarbeit lautet: ‚Franz Kafka – eine Biografie' Verwenden Sie ein numerisches Gliederungssystem (1, 2, 2.1, 2.2 usw.).

Kinder- und Jugendjahre in Prag – Vater – Familie – Mutter – Geschwister – Die Zeit im k. k. Staatsgymnasium – Die Lehrer – Mitschüler und Freundschaften – Inhaltsverzeichnis – Studium an der »Deutschen Karl-Ferdinands-Universität zu Prag« – Besuch der Deutschen Knabenschule bis 1893 – Verlobung mit Felice Bauer (1914) – Erste Tätigkeit: Aushilfskraft bei der Versicherung »Assicurazioni Generali« in Prag (1907) – Aushilfsbeamter in der »Arbeiter-Unfall-Versicherungs-Anstalt für das Königreich Böhmen in Prag« (1908) – gemeinsame Wohnung in Berlin mit Dora Diamant (1923–1924) – Einleitung – Beförderung zum Vizesekretär der Versicherung – Schwere Erkrankung – Deckblatt – Kehlkopftuberkulose – Aufenthalte in Sanatorien und in der Wiener Universitätsklinik – Literaturverzeichnis – Beförderung zum Anstaltssekretär der Versicherung – Beziehungen zu Frauen – Verlobung mit Julie Wohryzek (1919) – berufliche Tätigkeiten

2. Sprachliche Gestaltungshinweise – „Wissenschaftssprache"

2 Unterstreichen Sie auf der Basis der stilistischen Hinweise die optimierbaren Formulierungen.

Ich werde im Folgenden „Minnesang" definieren als schriftlich tradierte, hoch ritualisierte Form der gesungenen Liebeslyrik, die in der Regel an eine verheiratete Frau gerichtet war und die der westeuropäische Adel im hohen Mittelalter ausgiebig produzierte, selbst den Kaiser inkludiert, wobei im teutonischen Raum ab etwa 1150 ein Minnesang auf mittelhochdeutsch generiert wurde, während die im Minnesang fokussierte Version des Hochdeutschen den primären Versuch einer gesamtdeutschen Literatursprache ist, da erst 400 Jahre später der sekundäre Versuch durch Martin Luther, dem wirklich grandiosen deutsche Reformator, der an der Wende zur Neuzeit lebte und der die Bibel vom Lateinischen ins Deutsche transponierte, erfolgt, der gleichwohl mehr Erfolg hatte. Wir sollten nun glauben, damit sei die Zeit des Minnesangs vorbei. Genau so isses. Im Spätmittelalter lösen andere Gattungen den höfisch-ritterlichen Minnesang irgendwie ab.

> **▶ Wissen 2**
>
> Stilistik: generelle Merkmale eines ‚wissenschaftlichen' Stils:
>
> - Leittempus Präsens (nur in Ausnahmefällen Konjunktiv)
> - Verständlichkeit, Eindeutigkeit, Präzision und Klarheit
> - angemessene Verwendung fachsprachlicher Termini (Termini technici)
> - Nachvollziehbarkeit von Symbolen, Vergleichen und Metaphern
> - Einhaltung logischer Prinzipien (kriterienreine Aufzählungen, keine Widersprüche, keine Scheinkausalitäten, Argumentation)
> - Überleitungen zwischen den einzelnen Teilen, Kapiteln und Abschnitten
> - Vermeidung der Ich-Form
> - geschlechtsneutrale Formulierungen (oder Anm. zu Beginn der Arbeit, dass maskuline Personenbezeichnungen für beide Geschlechter gelten)
> - Einhaltung standardsprachlicher Normen (Orthografie, Interpunktion, Grammatik)

3 Stellen Sie auf der Grundlage der Unterstreichungen zu vermeidende stilistische Formulierungen und Alternativen heraus.

G. Techniken wissenschaftlichen Arbeitens

3. Zitiertechniken

Jede Aussage, die nicht Ihr geistiges Eigentum ist, muss kenntlich gemacht werden; d.h. Zitate dienen der Klärung der Urheberschaft. Trotz unterschiedlicher Zitierweisen/-regeln (z. B. nach DIN 1505, Harvard-System) ist allen gemeinsam, dass sie es ermöglichen, die Quelle wiederzufinden. Folgende Daten stellen die Basis für jedwede Angabe einer Zitatquelle dar:

> ▶ **Wissen 3**
>
> **Zitiertechniken und Quellenangaben:**
>
> - Buch: Autor (Name, Vorname), Titel, Jahr, Ort, Verlag, Seitenangabe
> - Buch mit mehreren Auflagen: Autor (Name, Vorname), Jahr, Titel, Auflage, Ort, Verlag, Seitenangabe
> - Aufsatz in einem Buch: Autor (Name, Vorname), Herausgeber (Hrsg.), Jahr, Titel, In: Autor (Name, Vorname), Herausgerber (Hrsg.), Jahr, Titel, Ort, Verlag, Seitenangabe
> - Aufsatz in einer Zeitschrift: Autor (Name, Vorname), Jahr, Titel. In: Name der Zeitschrift, Jahrgang/Band, Ausgabe/Heft, Seiten
> - Online-Dokument: Autor (Name, Vorname), Titel, Internetadresse, Zugriffsdatum

4 Korrigieren Sie die folgende „Zitierweise": Materialien zu Robert Schneiders Roman. Über „Schlafes Bruder", Reclam Verlag Leipzig, Hrsg. Rainer Moritz, 3. Auflage 2006.

Arten des Zitierens:

Das direkte Zitat = *unveränderte, d. h. die wortwörtliche Wiedergabe eines Textes**	**Das indirekte Zitat** = *veränderte, d. h. die Wiedergabe eines Textes mit anderen Worten*
– steht in Anführungsstrichen – wird durch eine Quellenangabe gekennzeichnet, – Auslassungen werden durch Punkte in eckigen Klammern gekennzeichnet – ein Wort: [.], mehr als ein Wort: […] – Ergänzungen/Veränderungen müssen ebenfalls kenntlich gemacht werden; z. B. [*Hervorhebung vom Verf.*] – längere wörtliche Zitate (länger als drei Zeilen) werden in der Regel eingerückt und einzeilig eingefügt	– wird nicht durch Anführungsstriche gekennzeichnet – wird durch eine Quellenangabe gekennzeichnet, der ein ‚vgl.' (vergleiche) oder ‚s. a.' (siehe auch) vorangestellt ist – Quellenangaben und Autorenname(n) können bei indirekten Zitaten auch in den Fließtext eingebunden werden, z. B. *Wie auch Krämer (1999: …) feststellte …*
* Was für Texte gilt, gilt auch für Tabellen, Grafiken, Zeichnungen usw.	

5 Welcher Beleg gehört zu einem direkten Zitat, welcher zu einem indirekten (mit Begründung)?

– Berner 2012, S. 234

– vgl. Berner 2012, S. 234

4. Die Kennzeichnung von Zitatquellen

> **▶ Wissen 4**
>
> **Zitatquellen angeben:**
>
> 1. Durch Kurzbeleg (im Fließtext): Am Ende eines Zitates wird im fortlaufenden Text eine Klammer gesetzt. Diese enthält folgende Angaben: zunächst der Nachname des Autors, dann das Erscheinungsjahr des Werkes und danach die Seitenangabe (auf das `S´ als Abkürzung für Seite <u>kann</u> verzichtet werden, dann wird ein Doppelpunkt gesetzt).
>
> Beispiel: *„Die großen literarischen Bilder des zwanzigsten Jahrhunderts stammen von Franz Kafka.", so der Autor und Verleger Wagenbach (Wagenbach 2002: 7).*
>
> 2. Durch Vollbeleg (in Fußnoten unten auf der gleichen Seite): Hier wird am unteren Seitenrand eine Fußnote angebracht, die die bibliografischen Angaben vollständig enthält.
>
> Beispiel: *„Die großen literarischen Bilder des zwanzigsten Jahrhunderts stammen von Franz Kafka."* [1]
>
> ---
> 1 Wagenbach, Klaus (2002): Franz Kafka. 36. Auflage, Reinbek bei Hamburg: Rowohlt, S. 7.
>
> **Weitere Hinweise**
> - Bezieht sich das Zitat auch auf die folgende Seite eines Textes, dann wird die Seitenangabe durch ein nachgestelltes ‚f.' ergänzt, z. B. S. 341 f.; bezieht es sich auf mehrere Seiten, dann wird der Seitenumfang angegeben, z. B. S. 341–344.
> - Wird ein Autor in zwei aufeinander folgenden Absätzen zitiert, kann die Quellenangabe mit ‚ebd' (ebenda) eingeleitet werden. Bei dem Verweis auf eine andere Seitenzahl muss diese angegeben werden; z. B.: (ebd.: S. 43 oder ebd.: 43).
> - Sollten mehrere Veröffentlichungen eines Autors aus einem Erscheinungsjahr zitiert werden, so werden diese mit fortlaufenden Kleinbuchstaben versehen; z. B.: 2013a, 2013b usw.
> - Sind zwei Personen als Autoren genannt, sind beide Namen anzugeben; bei mehr als zwei Autoren, wird in der Regel nur der erste Autor angegeben und ‚et al.' oder ‚u. a.' hinzugefügt.

„An dieser Stelle ist noch auf eine zweite Quelle des Kompetenzbegriffs hinzuweisen, nämlich die Sprachwissenschaft, genauer: die Linguistik. In der sogenannten Sprechakttheorie wurde noch vor der Pädagogik die Unterscheidung zwischen *competence und performance* eingeführt (Chomsky, 1965, 4), die wiederum auf die klassische Unterscheidung zwischen langue und parole (de Saussure, 1967) zurückgreift. Was ist damit gemeint? Wir können Folgendes beobachten: Wann immer Menschen kommunizieren, bedienen sie sich einer Sprache bzw. eines Systems von Zeichen. „Sprache" steht in diesem Zusammenhang für ein Repertoire an Wörtern, die nach bestimmten Sprachregeln miteinander verknüpft werden können, um sinnvolle Sätze und Aussagen damit zu produzieren. Bevor es zum Sprechakt (performance) kommt, müssen wir über Sprachkompetenz (competence) verfügen."

Aus: Ziener, Gerhard (2010): Bildungsstandards in der Praxis, 2. Aufl., Seelze: Kallmeyer Verlag, S. 21 f.

6 Bewerten Sie die Korrektheit der Zitate. Korrigieren Sie – wenn nötig.

a) Ziener macht darauf aufmerksam, dass bereits die Linguistik über die Unterscheidung zwischen Kompetenz und Performanz verfügte, bevor die Pädagogik sich dieser annahm.

b) Zitat: „An dieser Stelle ist noch auf eine zweite Quelle des Kompetenzbegriffs hinzuweisen, nämlich die Sprachwissenschaft."(Ziener, 2010: 21).

c) Bei Ziener heißt es: „In der sogenannten Sprechakttheorie wurde noch vor der Pädagogik die Unterscheidung zwischen *competence und performance* (Hervorhebungen des Verf.) eingeführt." (Chomsky, 1965, 4).

_____
_____

d) Zusammenfassend lässt sich sagen, dass Ziener hier einen falschen Schluss zieht, wenn er behauptet, die Pädagogik habe den Kompetenzbegriff verschlafen (vgl. Ziener 2010: 21f).

_____
_____

e) In einem etwas merkwürdigen Gestus gibt Ziener 2010 an, „Sprache stehe in diesem Zusammenhang für ein Repertoire an Wörtern, die nach bestimmten Sprachregeln miteinander verknüpft werden könnten, um sinnvolle Sätze und Aussagen damit zu produzieren. Bevor es zum Sprechakt *(performance)* komme, müssten wir über Sprachkompetenz (competence) verfügen."

_____
_____

f) Beispiel 7: Zitat: „In der sogenannten Sprechakttheorie wurde […] die Unterscheidung zwischen *competence* und *performance* eingeführt (Chomsky, 1965, 4), […]".

_____
_____

5. Das Literaturverzeichnis

> ▶ **Wissen 5**
>
> **Literaturverzeichnis anlegen:**
>
> - Ein Literaturverzeichnis muss jeder Arbeit beigefügt werden. Dieses ist ein Verzeichnis über alle im Text bzw. in den jeweiligen Fußnoten tatsächlich verwendeten Quellen. Entgegengesetzt zur verkürzten Angabe der Quelle, z. B. im fortlaufenden Text, erfolgt im Literaturverzeichnis die vollständige Angabe der Quelle. Dabei wird unterschieden: Angaben von Büchern/ Monographien, Aufsätzen aus Sammelwerken/ aus Lexika, Zeitschriftenartikeln und Internetquellen.
>
> - Das Literaturverzeichnis ist anhand der Nachnamen der Autoren alphabetisch zu ordnen; bei mehreren Werken eines Autors zudem chronologisch nach den Erscheinungsjahren.
>
> - Tauchen Autoren mehrfach im Literaturverzeichnis auf, kann der Name durch die Abkürzung ‚Ders.' ersetzt werden.
>
> - Nur die im Fließtext tatsächlich verwendete Literatur darf angegeben werden. Angaben zu weiterführender Literatur gehören nicht in ein Literaturverzeichnis.
>
> - Weiterhin sollte auf eine einheitliche und durchgängige Formatierung geachtet werden.
>
> - Wissenschaftliche Titel (Prof., Dr., PD, apl. Prof., …) brauchen nicht aufgeführt zu werden.

Tipp zur Arbeitserleichterung: Es ist zu empfehlen, das Literaturverzeichnis schon während des Schreibens zu erstellen, da dieses Vorgehen zu Zeitersparnis führt und die Vollständigkeit eher eingehalten werden kann.

5. Das Literaturverzeichnis

ZITIERFÄHIGKEIT UND ZITIERWÜRDIGKEIT

Zentrale Kriterien: Nachvollziehbarkeit, Zugänglichkeit, Beschaffbarkeit, Verfügbarkeit. Ist der Leser in der Lage, die vom Verfasser genutzte Quelle schnell aufzufinden, um sie zu prüfen?
Problematisch: Referate, Broschüren, Flugblätter oder interne Schreiben usw., die nicht öffentlich zugänglich sind (sog. Graue Literatur). Falls Zitation, dann Dokumentation solcher Quellen im Anhang als Volltext/Kopie. Neben der Zitierfähigkeit ist die Zitierwürdigkeit der Quelle zu überprüfen. Handelt es sich um eine seriöse Quelle? Prüfung der inhaltlichen Qualität des Textes, Problem bei Internetquellen (z. B. Wikipedia), Primärquellen sind zu bevorzugen.

ZITIERWÜRDIGKEIT

7 Korrigieren Sie das folgende Literaturverzeichnis bzw. geben Sie an, welche Angaben fehlen bzw. zu ergänzen sind: Stellen Sie im Hinblick auf Zitierfähigkeit und Zitierwürdigkeit problematische Quellenangaben heraus.

Abhörer, Luise: Selbstbild Nachrichtendienste – Wir wissen alles. In: Zeitschrift für Sicherheit, S. 5.

Abschreiber, Benno (2010a): Über gutte Gründe, nicht zum Dr. strg-c zu promovieren. Bonn und Berlin: Verlag Wissenschaftlicher Dienst des Bundestages, S. 520–545.

Abschreiber, Benno/Werner Abschrift (2012c): Neues zum Kopieren. In. Schreibviel, Jutta (Hrsg.), Berlin, S. 5.

Ahnungslos, Verena (2000): Über das desolate Zitierverhalten in der Postmoderne. Berlin/New York: Speckmann Verlag.

Dormann, Rosemarie (2011): Es gibt keine Idole des Zitierens! Eine Kritik an Ahnungslos, Abschreiber und Unger. In: Die junge Lektorin, S. 9.

G. Techniken wissenschaftlichen Arbeitens

Plieninger, Onno (2001): All you can copy!#

Gallenberg, C. (2002): Copy and Paste, Drag and Drop – Windows Grundsteuerung optimal nutzen. Freilassing. S. 15–30.

Schober, Anna (2013): Bildung tut not. Lesen als Voraussetzung für Verstehen. In: Der Kultus und die anderen.

Unter, Kevin/ Unger/Faltermeyer/Dunger/Vollmer u. a. (2005) (Hrsg.): Besonders falsch zititere Vorrte verlätzen. Wiesbaden: Denk Verlag

Schmitt, Otto (2001): (http://www.Der Zitathase.de. Abruf am 30.2.2001).

Unger, Irma (2000): Wir probieren alles aus. Heterogene Textkonstitution insbesondere bei Zitaten in Bachelor-Arbeiten und das Erscheinungsbild männlicher Dozenten. Donau-Verlag, Wien.

Zweifel, Hermann: Das falsche Wort an der richtigen Stelle. 14. unveränd. Auflage, München/Bad Tölz/Rosenheim/Regensburg/Nürnberg: Stanzel-Verlag.

H. Klippen der Grammatik: Modus und Syntax

1. Modus

▶ **Wissen 1**

Man unterscheidet folgende Modi:

- **Indikativ** → Wirklichkeitsform (z. B. *sie läuft, sie ist gelaufen* usw.)

- **Konjunktiv** → Möglichkeitsform
  - Konjunktiv I → nur berichtet, aber nicht sicher
    (z. B. *Hilmar sagt, er sei in der Stadt gewesen.*)
  - Konjunktiv II → nur gedacht, aber nicht wirklich
    (z. B. *Sein Vater wäre froh, wenn er ihn sähe.*)

- **Imperativ** → Befehlsform (z. B. *Bringt ihm bitte einen Zettel mit! / Bringt ihm bitte …*)
  (nur 2. Pers. Sing. und 2. Pers. Plur.)

▶ **Wissen 2**

Konjunktiv II:

Durch die Verwendung des Konjunktiv II werden Wünsche, Unwirkliches, Gedachtes ausgedrückt
(z. B. *Karl wäre gern Bundeskanzler.*)

Bildung:
- Präteritum des Verbs, indem an den Präteritum-Stamm ein *-e-* angefügt wird
  → ich ging (Prät.)/ ich ging*-e* (Konj. II)
- starke Verben mit den Vokalen *a, o, u* im Präteritum-Stamm erhalten zusätzlich – falls möglich – einen Umlaut (z. B. *er sah* = Präteritum; *er sähe* = Konjunktiv II)
- dieser Umlaut klingt bei einigen Verben ungewöhnlich bzw. altertümlich (z. B. *er flöge*), deshalb darf der Konjunktiv II auch in diesen Fällen mit der Umschreibungsform (mit *würde*) gebildet werden (z. B. *er würde fliegen*).
- Lautet der Konjunktiv II gleich mit dem Indikativ Präteritum (z. B. *wir liefen*), verwendet man anstelle des Konjunktivs II auch hier die Umschreibungsform (→ *wir würden laufen*).

Konjunktiv II Präsens:
Die Umschreibungsformen sind schräg gedruckt!

geben	laufen	sein	haben
ich gäbe	ich liefe	ich wäre	ich hätte
du gäbest	du liefest	du wärest	du hättest
er/sie/es gäbe	er/sie/es liefe	er/sie/es wäre	er/sie/es hätte
wir gäben	*wir würden laufen*	wir wären	wir hätten
ihr gäbet	ihr liefet	ihr wäret	ihr hättet
sie gäben	*sie würden laufen*	sie wären	sie hätten

H. Klippen der Grammatik: Modus und Syntax

Ode an den Konjunktiv
Bastian Sick

Wär der Konjunktiv wieder in, gebrauchte ich ihn permanent!
Ich fühlte mich darin – ganz in meinem Element.
Die Energie der Möglichkeit brächte mich auf Trab.
Ich würfe die Vergangenheit einfach von mir ab.

Ich zöge los und ginge, wohin ich immer wollte,
Und täte lauter Dinge, auch die, die ich nicht sollte.
Ich spielte und gewönne; verlör ich, dann nicht viel.
Ich würbe und begönne manch zartes Liebesspiel.

Ich flöge bis nach Afrika, wo ich einen Berg erklömme
Und wäre ich schon einmal da, dann schwämme ich –
O nein: ich schwömme
Vom Festland bis nach Sansibar. Und bräche den Rekord sogar.

Ich kostete und ich probierte,
Wo immer ich auch grad spazierte.
Das Tolle wär, dass mir alles bekäme,
Was immer ich auch zu mir nähme!

Ich fräße, söffe und genösse
Und zwar alles drei zugleich!
Ich stritte, schlüge, und ich schösse
Und erschüfe mir ein eignes Reich!

Darin schwelgte ich und schwölle
Zu nie gekanntem Glanz.
Und stürb ich dann und führ zur Hölle,
Dann nur auf einen kurzen Tanz.

Denn mit dem Konjunktiv 2
Wär ich im Nu wieder frei
Und spönne mir alles
Aufs Neue herbei!

(Aus: Der Dativ ist dem Genitiv sein Tod, Folge 6. KiWi-Verlag 2015)

1 Markieren Sie alle Konjunktivformen in dem Text.

2 Schreiben Sie die ersten 3 Strophen auf einem Extrablatt im Indikativ und vergleichen Sie die Wirkung mit dem Originaltext.

3 Schreiben Sie auf einem Extrablatt eine der folgenden Situationen weiter:
– *Wenn ich kein Handy hätte …*
– *Wenn ich in meinem Traumjob arbeiten würde …*
– *Wenn Geld keine Rolle spielen würde …*
  ➔ *Denken Sie an die Konjunktiv II-Formen!*

4 Markieren Sie die Konjunktivformen in Ihrem Text und kontrollieren Sie bzw. lassen Sie den Text auf Richtigkeit der Konjunktivformen von einer Mitschülerin oder einem Mitschüler überprüfen.

5 Beschreiben Sie die Wirkung des Textes im Indikativ.

1. Modus

▶ Wissen 3
Konjunktiv I:

Konjunktiv I (indirekte Rede)
Durch die Verwendung des Konjunktiv I wird wiedergegeben, was jemand in direkter (wörtlicher) Rede geäußert hat. Durch den Konjunktiv I betont der Sprecher, dass das Gesagte die Meinung eines anderen darstellt. Man bleibt bei der Wiedergabe sehr nah am Wortlaut des Gesagten.

Bildung:
- Wenn der Konjunktiv I gleich lautend mit einer Form des Indikativs ist (z. B. *Emilia fragt, ob ich komme.* → Indikativ Präsens lautet wie Konjunktiv I), verwendet man als **Ersatzform** den Konjunktiv II *(Emilia fragt, ob ich käme.)*.
- Wenn auch diese Form mit einer Indikativform gleich lautend ist, kann man die Umschreibung mit *würde* wählen (*Er versprach, dass wir laufen* → *liefen* → *laufen würden.*)
- Bei der indirekten Rede ist das Tempus des Nebensatzes, also des indirekt Wiedergegebenen, unabhängig vom Tempus des Begleitsatzes (z. B. *Julius sagte, er spiele gerade Fußball. – Julius hatte gesagt, er spiele gerade Fußball. – Julius wird sagen, er spiele gerade Fußball.*).
- Achten Sie aber darauf, ob der Inhalt der direkten Rede vor (Perfekt, Präteritum, Plusquamperfekt), nach (Futur) oder gleichzeitig (Präsens) mit dem Zeitpunkt des Sprechens ist!
Verwenden Sie entsprechend den
  - Konjunktiv Perfekt für Vergangenes *(Julius sagt, er habe gestern Fußball gespielt.)*.
  - Konjunktiv Präsens für die Gegenwart *(Julius sagt, er spiele gerade Fußball.)*.
  - Konjunktiv Futur für die Zukunft *(Julius sagt, er werde morgen Fußball spielen.)*.

Konjunktiv I Präsens:
Die Ersatzformen sind kursiv gedruckt.

geben	laufen	sein	haben
ich gäbe	*ich liefe*	ich sei	*ich hätte*
du gebest	du laufest	du seiest	du habest
er/sie/es gebe	er/sie/es laufe	er/sie/es sei	er/sie/es habe
wir gäben	*wir liefen*	wir seien	*wir hätten*
ihr gebet	ihr laufet	ihr seiet	ihr habet
sie gäben	*sie liefen*	sie seien	*sie hätten*

6 In Ihrer Firma gibt es regelmäßig Informationsveranstaltungen für die Auszubildenden, bei denen von einem der Auszubildenden jedes Mal ein Protokoll geschrieben wird. Heute sind Sie an der Reihe. Geben Sie den Informationstext des Referenten in indirekter Rede wieder:

„Heute geht es um die Pflichten als Arbeitnehmer. Seine Hauptpflicht ist die Verpflichtung zur Arbeitsleistung. Sie lässt sich nicht auf Andere übertragen. Was und in welchem Umfang die Arbeit beinhaltet, richtet sich nach den Vereinbarungen im Arbeits- und Tarifvertrag. Das Recht des Arbeitgebers ist es, dem Arbeitnehmer zumutbare Weisungen zu erteilen, die dieser auszuführen hat. Neben der Verpflichtung zur Arbeitsleistung ist ein weiterer Aspekt die Treuepflicht. Der Arbeitnehmer hat die Pflicht, sich nach besten Kräften für die Firma einzusetzen und den Betrieb vor Schaden zu bewahren. Ein dritter Aspekt ist die Meldepflicht. Das bedeutet, dass der Arbeitnehmer Erkrankungen, Unfälle oder Arbeitsunfähigkeit dem Arbeitgeber sofort mitteilen muss. Auch Defekte, Betriebsstörungen, Arbeitsrisiken oder Bestechungsversuche müssen gemeldet werden (…)."

_____

_____

_____

H. Klippen der Grammatik: Modus und Syntax

_____
_____
_____
_____
_____
_____
_____
_____

7 Unterstreichen Sie alle Konjunktivformen im Informationstext des Referenten (s. Aufgabe 6).

Reiner Kunze: Clown, Maurer oder Dichter

Ich gebe zu, gesagt zu haben: Kuchenteller. Ich gebe ebenfalls zu, auf die Frage des Sohnes, ob er allen Kuchen auf den Teller legen solle, geantwortet zu haben: allen. Und ich stelle nicht in Abrede, daß der Kuchen drei Viertel der Fläche des Küchentischs einnahm. Kann man denn aber von einem zehnjährigen Jungen nicht erwarten, daß er weiß, was gemeint ist, wenn man Kuchenteller sagt? Das Händewaschen hatte ich überwacht, und dann war ich hinausgegangen, um meine Freunde zu begrüßen, die ich zum Kartoffelkuchenessen eingeladen hatte. Frischer Kartoffelkuchen von unserem Bäcker ist eine Delikatesse.

Als ich in die Küche zurückkehrte, kniete der Sohn auf dem Tisch. Auf einem jener Kuchenteller, die nur wenig größer sind als eine Untertasse, hatte er einen Kartoffelkuchenturm errichtet, neben dem der schiefe Turm zu Pisa senkrecht gewirkt hätte. Ich sparte nicht mit Stimme.

Ob er denn nicht sähe, daß der Teller zu klein sei.

Er legte sich mit der Wange auf den Tisch, um den Teller unter diesem völlig neuen Gesichtspunkt zu betrachten.

Er müsse doch sehen, daß der Kuchen nicht auf diesen Teller passe.

Aber der Kuchen passe doch, entgegnete er. Das eine Blech lehnte am Tischbein, und auch das andere war fast leer.

Ich begann, mich laut zu fragen, was einmal aus einem Menschen werden solle, der einen Quadratmeter Kuchen auf eine Untertasse stapelt, ohne auch nur einen Augenblick daran zu zweifeln, daß sie groß genug sein könnte.

Da standen meine Freunde bereits in der Tür.

„Was aus dem Jungen werden soll?" fragte der erste, meine Worte aufnehmend. Er peilte den Turm an. „Der Junge offenbart ein erstaunliches Gefühl für Balance. Entweder er geht einmal zum Zirkus, oder er wird Maurer."

Der zweite ging kopfschüttelnd um den Turm herum. „Wo hast du nur deine Augen?" fragte er mich. Erst jetzt entdeckte ich, daß die von mir geschnittenen Kuchenstücke geviertelt waren, als wären wir zahnlose Greise. Mein Freund sah die größeren Zusammenhänge. „Siehst du denn nicht, daß in dem Jungen ein Künstler steckt?" sagte er. „Der Junge hat Mut zum Niegesehenen. Er verknüpft die Dinge so miteinander, daß wir staunen. Er hat schöpferische Ausdauer. Vielleicht wird aus ihm sogar ein Dichter, wer weiß."

„Eher ein richtiger oder ein genialer Soldat", sagte der dritte, den ich jedoch sogleich unterbrach. „Soldat? Wieso Soldat?" fragte ich auf die Gefahr hin, dem Sohn die Wörter wieder abgewöhnen zu müssen, die zu erwarten waren, sobald sich dieser Freund seiner Armeezeit erinnerte. Er antwortete: „Ein richtiger Soldat, weil er auch den idiotischsten Befehl ausführt. Und ein genialer Soldat, weil er ihn so ausführt, daß das Idiotische des Befehls augenfällig wird. Ein Mensch wie er kann zum Segen der Truppe werden."

Ich hoffte, der Sohn würde das meiste nicht verstanden haben. Am Abend hockte er sich jedoch zu Füßen seiner Schwester aufs Bett und fragte sie, was zu werden sie ihm rate: Clown, Maurer oder Dichter. Soldat zu werden, zog er nicht in Betracht, weil er es dann mit Vorgesetzten wie seinem Vater zu tun haben könnte.

Seitdem bedenke ich, wer bei uns zu Gast ist, bevor ich eines meiner Kinder kritisiere.

Aus: Reiner Kunze: Die wunderbaren Jahre. Frankfurt a. M.: S. Fischer, 1976

8 Markieren Sie alle Konjunktivformen (Konjunktiv I, Konjunktiv II, Ersatzform Konjunktiv II).

2. Syntax – Satzglieder

9 Wie wirkt die Verwendung der direkten und der indirekten Rede?

10 Wie verändert sich die Textwirkung, wenn Sie die direkte Rede in die indirekte Rede umformen und umgekehrt?

2. Syntax – Satzglieder

11 Bringen Sie folgende Wörter in eine Reihenfolge, so dass ein sinnvoller und grammatikalisch richtiger Satz entsteht:

in frisches Kiste wirklich jede einem aus mir bezahlbaren der und Gemüse meiner Bauer und ein Familie einem von Biohof einer Region zu Preis bringt Woche Obst

Sätze bestehen aus den Satzgliedern. Subjekt, Prädikat, Objekt, adverbiale Bestimmungen sind sozusagen die Grundbausteine eines Satzes, in dem sie bestimmte Aufgaben besitzen:

▶ **Wissen 4**

Satzglieder:

Satzglied		Beispiel
Subjekt (→ Satzgegenstand)	Wer oder was macht etwas? → meist ein Substantiv oder Pronomen, steht im Nominativ	*Der junge Mann*
Prädikat (→ Satzaussage)	Was macht das Subjekt?	*schenkte*
Objekt (→ Satzergänzung)	Wessen? (Genitivobjekt) Wem oder was? (Dativobjekt) Wen oder was? (Akkusativobjekt) Auf wem? Für wen? … (Präpositionalobjekt)	*der jungen Frau eine Rose*
Adverbiale (→ informiert genauer über Umstände einer Handlung)	z. B. temporal (→ Zeit): Wann? Wie lange? Modal (→ Art und Weise): Wie? lokal (→ Ort): Wo? Wohin? Woher? kausal (→ Grund): Warum?	*heute verliebt auf der Party zu ihrem Geburtstag.*
Attribute (→ Erweiterung der Bedeutung eines Satzgliedes (außer Prädikat))	Kann nur mit dem jeweiligen Satzglied (Bezugswort) im Satz verschoben werden, daher kein eigenständiges Satzglied!	*Ich gebe ihm eine umfangreiche Erklärung dazu.* *Eine umfangreiche Erklärung gebe ich ihm dazu.*

H. Klippen der Grammatik: Modus und Syntax

12 Bestimmen Sie die Satzglieder in den folgenden Sätzen:

1. Meine Familie verbringt jeden Sommer mit Freunden an der Adria ihren Urlaub.
___

2. Die Handwerker reparierten dem Ehepaar gestern tadellos die kaputten Rohre im Haus.
___

13 Notieren Sie einen Satz, in dem lediglich ein Subjekt und ein Prädikat vorkommen:
___
___

Ergänzen Sie diesen kurzen Satz um möglichst viele Satzglieder und bestimmen Sie diese:
___
___
___
___

14 Überarbeiten Sie den folgenden Zeitungstext, indem Sie die Satzglieder innerhalb eines Satzes so umstellen, dass der Text einen sinnvollen Zusammenhang ergibt bzw. auch flüssiger lesbar ist:

> Die Medien beherrschten von Klimaskeptikern laute Zwischenrufe, die Rede war von falschem Klimaalarm, Sensationslust beim Klimarat IPCC[1] und bei der Erderwärmung Stillstand, bevor der erste Teil im vergangenen Herbst des aktuellen Weltklimaberichts erschien. Mit dem 5. Report, gestern präsentierte der IPCC dessen Kernaussagen, haben die Stimmen der Skeptiker die Forscher verdrängt. Realität ist nach Auskunft der Forscher der weltweite Klimawandel. Und Folgen hat er, wir können die nicht verhindern. Jahrhunderte wird der Meeresspiegel etwa wahrscheinlich noch steigen. Aber noch manche seiner Auswirkungen können gestoppt werden, wie auf der Erde der Temperaturanstieg. Etwas jedoch daran tun könne die Menschheit, ob sich die Erde erwärmen werde um zwei oder um vier Grad. Viel sicherer heute wissen wir, dass am Klimawandel der Mensch einen gewaltigen Anteil hat.

___
1 Intergovernmental Panel on Climate Change (IPCC)

___
___
___
___
___
___
___
___

3. Syntax – Satzbauformen

HAUPT- UND NEBENSATZ

15 Ergänzen Sie folgendes Schaubild:

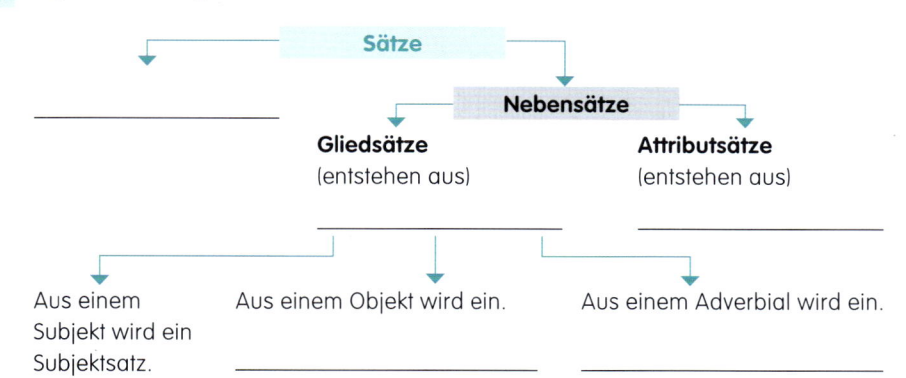

Sätze
├── _____
└── Nebensätze
    ├── Gliedsätze (entstehen aus) _____
    │   ├── Aus einem Subjekt wird ein Subjektsatz.
    │   └── Aus einem Objekt wird ein _____
    └── Attributsätze (entstehen aus) _____
        └── Aus einem Adverbial wird ein _____

> **▶ Wissen 5**
>
> **Satzbauformen:**
>
> **Hauptsätze** können für sich alleine stehen, das Prädikat steht an zweiter Satzgliedstelle.
> **Nebensätze** sind von einem Hauptsatz abhängig und können nicht allein stehen. Das Prädikat steht in einem Nebensatz meist am Schluss.

▶ Wissen 6

Nebensätze:

Gliedsätze

Ein Gliedsatz ist eine Nebensatzart, die aus einem Satzglied entsteht:

Teilt man Gliedsätze nach der **inhaltlichen Bedeutung** ein, wird unterschieden in
1. Adverbialsatz ➜ *Karl kam später, weil der Bus Verspätung hatte.*
   (entstanden aus: *Karl kam wegen der Verspätung des Busses später.*)
2. Objektsatz ➜ *Anton feierte, dass er seinen Abschluss bestanden hatte.*
   (entstanden aus: *Anton feierte seinen bestandenen Abschluss.*)
3. Subjektsatz ➜ *Wer mutig ist, springt.*
   (entstanden aus: *Der Mutige springt.*)

Adverbialsätze

In einem Satz vermitteln Gliedsätze und Adverbialien (= Satzglieder bzw. Satzgliedergänzungen, die die Umstände eines Geschehens genauer bestimmen) wichtige Informationen. Gliedsätze, die Adverbialien ersetzen, kann man nach ihrem Inhalt ordnen. Durch die verschiedenen Gliedsatzarten können wir uns sehr differenziert ausdrücken, da sachliche und gedankliche Zusammenhänge zwischen zwei Aussagen verdeutlicht werden. Es wird unterschieden in:

Gliedsatzart	Antwort auf die Frage …	Eingeleitet z. B. durch die Konjunktion …	Beispielsatz
temporal (Zeit)	Wann? Wie lange?	als, wenn, nachdem, bevor, solange, bis …	Als sie wieder da war, lachte Feli.
konditional (Bedingung)	Unter welcher Bedingung?	wenn, falls, vorausgesetzt dass …	Falls du kommst, bringe Brot mit.
kausal (Grund)	Warum?	weil, da, zumal …	Hartmut freut sich, weil er gewonnen hat.
final (Zweck, Ziel)	Wozu? Mit welcher Absicht?	damit, auf dass, dass …	Trink etwas, damit du keinen Durst hast.
konsekutiv (Folge)	Mit welcher Folge?	sodass, dass, als dass …	Er war so schnell. dass er geblitzt wurde.
konzessiv (Einschränkung)	Unter welcher Einschränkung?	obwohl, obgleich, obschon,- trotzdem …	Obwohl wir redeten, las Franzi ihr Buch weiter.
modal (Art und Weise)	Wie? Auf welche Weise?	indem, als, als ob, dadurch dass, wenn …	Er kam zu mir, indem er zu Fuß lief.
adversativ (Gegensatz)	Im Gegensatz wozu?	wohingegen, während, …	Er sang laut, während sie das Essen kochte.

H. Klippen der Grammatik: Modus und Syntax

16 Formen Sie den folgenden Satz in den vorgegebenen Gliedsatzarten um und erläutern Sie die unterschiedlichen Satzaussagen des Nebensatzes:

Ich stehe auf, wenn er an der Tür klingelt.

a) konditional: _____

Satzaussage: _____

_____

_____

b) kausal: _____

Satzaussage: _____

_____

_____

c) final: _____

Satzaussage: _____

_____

_____

d) konzessiv: _____

Satzaussage: _____

_____

_____

e) adversativ: _____

Satzaussage: _____

_____

_____

17 In der Schule wird diskutiert, ob das Schulgelände eine handyfreie Zone werden soll. Ergänzen Sie diese Meinung einer Schülerin durch die richtige Konjunktion:

Liebe SV! Ich bin absolut gegen das Handyverbot! _____ ich z. B. mal meine Freundin benachrichtigen will, dass die letzte Stunde ausfällt, geht das nicht. _____ ich gestern mein Material vergessen habe, konnte meine Mutter es mir schnell bringen, _____ ich mitarbeiten konnte und keine 6 bekam. _____ das Handyverbot durchgesetzt werden sollte, kann ich mir vorstellen, die Schule zu verlassen, _____ ich eigentlich gerne hierhin komme. Denn _____, _____ man sein Handy auch in der Pause auf dem Schulhof nicht mehr aus der Tasche holen darf, können manche Pausen echt langweilig werden. Es stört doch keinen unserer Schüler, _____ es doch sowieso alle machen. So sind wenigstens alle in der Pause beschäftigt und können entspannen, _____ ein Verbot die Schüler wahrscheinlich auf dumme Ideen kommen lässt …

Setzt euch bitte für uns ein, _____ das Verbot nicht durchgesetzt wird!!!!! Danke!

3. Syntax – Satzbauformen

18 Formulieren Sie die nachfolgenden Sachverhalte mit Objektsätzen:

a) *Katharina kommt morgen. Theresa glaubt das.*

_____

_____

b) *Jeder sieht das kaputte Fahrrad.*

_____

_____

c) *Alle Autofahrer mit Sportwagen sind Raser. Mijo bezweifelt das.*

_____

_____

d) *Die Schwebebahn steht heute bestimmt wieder still. Luca sagt das.*

_____

_____

_____

> ▶ **Wissen 7**
>
> **Objektsatz:**
>
> Der Objektsatz ist ein Nebensatz, der die Aufgabe eines Objektes übernimmt (meist Akkusativobjekt). Er wird meist mit „dass" eingeleitet:
>
> **Beispiele:**
>
> *Moritz sah, dass die Fensterscheibe kaputt war.*
> ➜ entstanden aus:
> *Moritz sah die kaputte Fensterscheibe.*
>
> *Lynn fragte, ob ich ein Taschentuch hatte.*
> ➜ entstanden aus:
> *Lynn fragte mich nach einem Taschentuch.*
>
> *Wie er heißt, wollte man in der Schulklasse wissen.*
> ➜ entstanden aus:
> *In der Schulklasse wollte man seinen Namen wissen.*

19 Beim Spendenlauf an Ihrer Schule wird folgende Durchsage gemacht:

Die ersten Teilnehmer am 5-km-Lauf müssen zum Start kommen. Der Start ist um 5 Minuten vorverlegt worden. Die Hungrigen und Durstigen gehen bitte zum Stand der Fachoberschule. Dort gibt es alles, was lecker schmeckt und den Durst löscht. Der Sieger beim 2-km-Lauf ist noch unbekannt. Die Wertung des 3-km-Laufs ist noch offen. Es hat dort mehrere Regelverletzungen gegeben. Wie das Ergebnis aussieht, wird um 15:00 Uhr bekannt gegeben.

a) Unterstreichen Sie die Subjekte im Text.

b) Formen Sie, wenn möglich, die Subjekte in Subjektsätze um.

_____

_____

_____

_____

_____

_____

_____

_____

> ▶ **Wissen 8**
>
> **Subjektsatz:**
>
> Der Subjektsatz ist ein Nebensatz, der die Aufgabe eines Subjektes übernimmt.
>
> **Beispiele:**
>
> *Dass Helga eine neue Stelle hat, freut mich.*
> ➜ entstanden aus:
> *Helgas neue Stelle freut mich.*
>
> *Ob sie wieder gesund ist, interessiert mich sehr.*
> ➜ entstanden aus:
> *Ihre Gesundheit interessiert mich sehr.*
>
> *Die Polizei verdächtigt Konni, zu schnell gefahren zu sein.*
> ➜ entstanden aus:
> *Die Polizei verdächtigt Konni wegen zu schnellen Fahrens.*

H. Klippen der Grammatik: Modus und Syntax

c) Finden Sie in dem Text einen Objektsatz und einen Subjektsatz. Formen Sie diese in ein Objekt bzw. Subjekt um.

Objekt:

Subjekt:

20 Prüfen Sie folgende Aussage an einigen Textbeispielen:
„Subjekt- und Objektsätze sind viel zu umständlich. Man sollte sie besser vermeiden."

I. Klippen bei der Kommasetzung

1. Reihungen, Aufzählungen

▶ **Wissen 1**

Reihung, Aufzählungen:

Das Komma trennt, sofern sie nicht durch Konjunktionen wie „und" oder „oder" verbunden sind,
- gleichrangige Teilsätze *(Hier stehe ich, es regnet, ich weiß nicht wie lange schon.)*
- gleichrangige Wortgruppen *(Er zog das Hemd an, dann die Jacke, schließlich den Mantel.)*
- gleichrangige Wörter *(Es war sonniges, warmes, sommerliches Wetter.)*
- Appositionen, d. h. Zusätze oder Nachträge *(Das ist Peter, ein Kollege.)*; eingeschoben werden sie mit paarigem Komma eingeschlossen *(Peter, ein Kollege, kommt später.)*
- mehrteilige Datums-, Literaturangaben etc.; das letzte (die Aufzählung schließende) Komma ist freigestellt *(Wir tagen am Freitag, 2. Mai, 9 Uhr(,) in Raum 1.)*

1 Setzen Sie die fehlenden 21 oder 22 Kommas. (Zwei trennen Haupt- und Nebensatz.)

Ich hatte mir die Fortbildung ein Pflichtprogramm für jeden Mitarbeiter eigentlich interessant anregend sogar als richtig spannend vorgestellt. Sie fand im „Westwerk" statt einer Tagungsstätte der Stadt. Als sie dann aber letzte Woche am Dienstag dem 15. April 16.00 Uhr endete war ich enttäuscht. Im Wesentlichen war nur bereits Bekanntes wiederholt wenig Neues vorgestellt und vor allem Kaffee getrunken worden. Herr Grube der eingeladene Referent berichtete insgesamt sehr langatmig verlor sich in zu viele Details wiederholte sich mehrmals und machte keinerlei Pause bevor er endlich zum Ende kam. Erschöpft frustriert durstig und hungrig eilten wir zum Mittagessen einem Büfett in der Cafeteria. Nach drei weiteren Programmpunkten einer Diskussion einer Gruppenarbeitsphase und einer Abschlussbesprechung hatten wir unser Pensum absolviert. Danach ging es an einen erfreulicheren Ort nämlich nach Hause.

2. Konjunktionen zwischen gleichrangigen Wörter und Wortgruppen

▶ **Wissen 2**

Konjunktionen bei gleichrangigen Wörtern und Wortgruppen:

Man setzt **kein** Komma, wenn **gleichrangige Wörter** und **Wortgruppen (nicht aber Sätze!)** durch eine der folgenden Konjunktionen verbunden werden:
- **und** *(Sie sah ihn und lachte.)*
- **oder** *(Willst du Kaffee oder Tee?)*
- **beziehungsweise (bzw.)** *(Die Mitarbeiter bzw. deren Vertreter sind anwesend.)*
- **entweder – oder** *(Er wird entweder später oder gar nicht kommen.)*
- **wie / sowie** *(Die Straße ist rechts wie links frei. / Tina sowie andere Mädchen sind krank.)*
- **sowohl – als auch** *(Das Gerät ist sowohl praktisch als auch recht preiswert.)*
- **weder – noch** *(Ich werde den Wagen weder mieten noch kaufen.)*

Das Komma trennt jedoch gleichrangige Wörter und Wortgruppen nach anderen nebenordnenden, entgegensetzenden und einschränkenden Konjunktionen ab:
- aber *(Sie sind arm, aber glücklich.)*
- sondern *(Ich bin nicht verärgert, sondern traurig.)*
- doch / jedoch *(Die Lage ist ernst, doch / jedoch nicht lebensbedrohlich.)*
- einerseits – andererseits *(Das ist einerseits richtig, andererseits noch zu verbessern.)*

I. Klippen bei der Kommasetzung

2a Setzen Sie die fehlenden 9 Kommas. (Einige Kommas müssen auch wegen Reihungen und Aufzählungen, Zusätzen oder Nachträgen gesetzt werden!)

Bei einem Vorstellungstermin muss man Vieles bedenken. Man sollte weder zu früh noch zu spät kommen sowohl auf seine Kleidung als auch das übrige Erscheinungsbild achten und sowohl über die eigenen Bewerbungsunterlagen als auch die Firma Bescheid wissen. Natürlich war ich bei meiner ersten Einladung auch angespannt nervös unsicher und wünschte mir nur das Ende des Gesprächs herbei. Nach den ersten Fragen von Herrn Meier dem Personaler legt sich die Aufregung dann aber. Er war einerseits ernst und konzentriert andererseits aber auch freundlich und höflich. Nach kurzer Zeit fühlte ich mich deswegen nicht mehr unwohl sondern als durchaus respektierter Gesprächspartner. Die Fragen gingen in sehr verschiedene Richtungen: ob ich lieber in einem kleineren oder größeren Team arbeiten wolle gerne reisen bzw. an verschiedenen Orten arbeiten oder lieber an meinem Heimatort bleiben würde. Doch mir wurden weder Fangfragen noch andere Fallen gestellt. Alles in allem war das Gespräch für mich schon anstrengend aber nicht unangenehm.

2b Bilden und notieren Sie weitere Beispiele, in denen Kommas zwischen gleichrangigen Wörtern und Wortgruppen, die mit Konjunktionen verbunden sind, stehen müssen oder oder nicht stehen dürfen!

Beispiel:
Die Lage ist ernst/hoffnungslos. ➔ *Die Lage ist ernst und hoffnungslos. – Die Lage ist ernst, aber nicht hoffnungslos. – Die Lage ist sowohl ernst als auch hoffnungslos. – Die Lage ist einerseits ernst, andererseits nicht hoffnungslos. – Die Lage ist nicht nur ernst, sondern auch hoffnungslos.*

– Tom ist müde/unfreundlich.

– Linda ist streng/gerecht.

– Maren ist erschöpft/glücklich.

3. Konjunktionen zwischen Sätzen

> ▶ **Wissen 3**
>
> Konjunktionen zwischen Sätzen:
>
> - Das Komma trennt Hauptsatz und Nebensatz; eingeschobene Nebensätze werden mit paarigem Komma eingeschlossen (*Ich gehe ins Bett, weil ich müde bin. Ich werde, weil ich müde bin, ins Bett gehen.*)
> - **Aber!** – Man setzt **kein Komma**, wenn **gleichrangige Nebensätze mit der Konjunktion „und"** oder **„oder" verbunden sind** (*Ich weiß, dass er einen Fehler gemacht hat und dass er es bereut.*).

3 Setzen Sie die 17 fehlenden Kommas. (Berücksichtigen Sie auch die Kommasetzungsregeln in Wissen 1 und 2!)

Wähle ich eine berufliche Tätigkeit im Büro oder eine im Freien? Einerseits interessiere ich mich für kaufmännische Dinge andererseits für Technik. Wer die Wahl hat hat die Qual! Besonders in Fragen der Berufswahl fällt die Entscheidung scheinbar besonders schwer. Zwar gibt es jede Menge Info-Material und Beratungsstellen aber je mehr Informationen man erhält desto größer wird die Verwirrung so scheint es. Viele wissenschaftliche Untersuchungen belegen dass Menschen lange zögern und dass sie seltener Entscheidungen treffen wenn sie zu viele Wahlmöglichkeiten haben. Besonders junge Menschen die bei der Berufswahl keinen schwerwiegenden Fehler begehen wollen sind oft ratlos. Der eine Job bietet gute Aufstiegschancen ist aber mit Arbeitszeiten verknüpft die wenig Raum für Privates lassen. Ein anderes Angebot verspricht sowohl eine interessante Tätigkeit als auch nette Kollegen aber weder die Bezahlung noch der Ort ist attraktiv. Entweder muss man sich für das eine oder das andere entscheiden. Wenn man zu viele Leute um Rat fragt oder wenn man zu lange über vermeintliche Vor- und Nachteile nachdenkt sieht man schlimmstenfalls nur noch Probleme. Deshalb geben manche Experten zu bedenken dass es vielleicht gar nicht so wichtig ist wie man sich entscheidet sondern nur dass man überhaupt eine Entscheidung trifft.

4. Infinitive und Partizipien

> ▶ **Wissen 4**
>
> **Infinitive und Partizipien:** (Infinitiv: sehen – Partizip I: sehend – Partizip II: gesehen)
>
> Das Komma trennt Partizipgruppen immer dann ab,
> - wenn sie durch ein hinweisendes Wort angekündigt oder wieder aufgenommen werden
>   (*So, den Tatsachen ins Auge sehend, machte er sich an die Arbeit. – Den Tatsachen ins Auge sehend, so machte er sich an die Arbeit.*)
> - wenn sie Zusätze oder Nachträge eines Substantivs oder Pronomens sind
>   (*Er fuhr, die rote Ampel sehend, einfach weiter. – Das Ergebnis ist richtig, grob gesehen.*)
>
> Das Komma trennt Infinitivgruppen immer dann ab,
> - wenn sie mit „als", „anstatt", „außer", „ohne", „statt" oder „um" eingeleitet werden
>   (*Anstatt zu helfen, ging er einfach weiter. – Er ging einfach weiter, ohne zu helfen.*)
> - von einem Substantiv abhängen (*Das Gefühl, anderen zu helfen, war schön.*)
> - mit einem hinweisenden Wort angekündigt oder wieder aufgenommen werden
>   (*Es war ein schönes Gefühl, anderen zu helfen. – Anderen zu helfen, das war ein schönes Gefühl.*)
>
> Anstatt sich die einzelnen Regeln einzuprägen, ist es auch möglich, Partizip- und Infinitivgruppen **immer** abzutrennen.

I. Klippen bei der Kommasetzung

4a Setzen Sie die fehlenden 18 Kommas. Achten Sie besonders auf Infinitiv- und Partizipkonstruktionen. (Es sind aber auch andere Kommaregeln zu beachten!)

Freunde und Verwandte starrten sie an ungläubig und fassungslos. Doch damals vor mittlerweile drei Jahren ließ sich Marie nicht beirren. So ihren inneren Bedürfnissen folgend kündigte sie ihren sicheren Job als Bankkauffrau um sich an der Universität einzuschreiben und ein Literaturstudium aufzunehmen. Sie hat es nicht bereut gegen alle Ratschläge neu anzufangen. Damals nach dem Abitur hatte sie erst einmal die Nase voll von Theorie und Schule deshalb ging sie in die Lehre fest dazu entschlossen eine praktische Tätigkeit auszuüben und endlich Geld zu verdienen. Doch nach einigen Jahren gelangte sie zu der Einsicht dass sie sich von ihren beruflichen Aufgaben in mancher Hinsicht unterfordert fühlte. Auf diese Weise einen Neuanfang wagend kehrte sie ihrem bisherigen Leben den Rücken. Doch es gibt durchaus viele Gründe gezielt erst eine Lehre zu machen und dann ins Studium zu gehen. Solche „Doppelqualifizierer" wissen später genau wie ein Betrieb funktioniert haben im zwischenmenschlichen Bereich meist weniger Probleme mit Untergebenen und verfügen nicht nur über theoretische sondern auch praktische Kenntnisse die ihre berufliche Kompetenz verbessern.

4b Wählen Sie sich beliebige Verben und notieren Sie jeweils drei Partizip- und Infinitivkonstruktionen mit korrekter Kommasetzung.

Beispiel:
Infinitiv: verachten – Partizip I: verachtend – Partizip II: verachtet. Infinitivkonstruktion: Anstatt *ihn* zu verachten, *verzieh sie ihm. Partizipkonstruktionen: Alle Welt* verachtend, so *betrat sie den Raum. Er lebte zurückgezogen, von aller Welt* verachtet.

5. Zeichensetzung bei Zitaten

> **Wissen 5**
>
> **Zeichensetzung bei Zitaten:**
>
> - Zitate müssen exakt mit dem Original übereinstimmen und werden in Anführungszeichen gesetzt.
> - Umstellungen und andere Eingriffe (z. B. Hinzufügungen) werden durch eckige Klammern angezeigt, Auslassungen durch drei Punkte in eckigen Klammern.
> - Wichtige Wörter oder Satzteile integriert man am besten in den eigenen Satzbau, die Belegstelle steht in Klammern:
>   *Das Café wird als „enger, dunkler Schlauch" beschrieben (Z. 2).*
> - Zitate können auch in Klammern stehen, die Belegstelle folgt dann nach einem Komma:
>   *Die Café-Besucher benutzen englische Ausdrücke („yeah", Z. 5).*
> - Ein in der Belegstelle angegebenes f. („folgende") bedeutet, dass die folgende Zeile bzw. Seite gemeint ist, z. B.: (Z. 3 f.); ff. („fortfolgende") bedeutet, dass die folgenden Zeilen bzw. Seiten – in der Regel bis zum Ende des Textabschnitts – gemeint sind, z. B.: (Z. 3 ff.) oder (Z. 3–5).

5 Prüfen Sie, ob die nachfolgenden Zitate korrekt sind. Notieren Sie erforderliche Verbesserungen.

Original:

Sie Prachtexemplar des Big-Data-Zeitalters!

Eine Beschimpfung des Selbstvermessers
Von Arno Orzessek (Deutschlandradio, 23.12.2013)

Ein Selbstvermesser gleicht in seinem Wahn einer Ratte in einer Skinner-Box. In diesen reizarmen Behältern trainieren Wissenschaftler den Tieren neue Verhaltensweisen an. Nichts anderes mache das Lifestyle-Business mit Menschen, schimpft Arno Orzessek.

Vorab die Bekenntnisse eines Mess-Muffels.
Ich besitze seit Jahrzehnten keine Armbanduhr und bin im neuen Jahrtausend noch nicht auf die Waage gestiegen. Ich trinke gern ohne fixes Limit und meide Intel-
5 ligenz-Tests. Mein erster Blutdruck-Test vor Jahren war so unerfreulich, dass ich den zweiten verweigert habe.
Es geht mir dabei gut. Präziser: Ich fühle mich altersgerecht angeraspelt. Bei McFit lasse ich es manchmal krachen, bis ich Blut auf der Zunge schmecke. –

Und nun zu Ihnen, lieber Selbstvermesser. Ich halte Sie 10
im Grunde für komplett plemplem – und möchte Ihnen gezielt zu nahe treten.
Sollten Sie dieses neue Gadget haben, das den Radius Ihrer Zornesadern misst – schalten Sie es zur Selbst-Kontrolle bitte ein! Denn diese Beschimpfung dauert 15
jetzt noch drei Minuten. […]

Fehlertext!

In seiner Glosse „Sie Prachtexemplar des Big-Data-Zeitalters!", am 23.12.2013, ausgestrahlt im Hörfunkprogramm von Deutschlandradio, wendet sich der Verfasser Arno Glossek an die „lieben Selbstvermesser" unter seinen Hörern. Diese hält er im Grunde für komplett „plemplem und will ihnen gezielt zu nahe treten" (Z. 11 f.). Zuvor betont er, dass er selbst jede Form von Selbstvermessung ablehne („Ich besitze seit Jahrzehnten […] verweigert habe.", Z. 2–6). Sprachlich auffällig sind vor allem Orzesseks anschauliche und eher umgangssprachliche Formulierungen wie der von ihm benutzte Neologismus „angeraspelt" (Z. 8) oder die Feststellung, dass er es schon „mal richtig krachen" lasse, bis er „Blut auf der Zunge schmeck[t]" (Z. 8 f.).

Korrekturen:

> I. Klippen bei der Kommasetzung

6. TEST

6 Testen Sie sich selbst! Setzen Sie alle Kommas, die gesetzt werden müssen.

1. Sie lachte und lachte.

2. Die Leute stiegen nicht in das Taxi sondern gingen zu Fuß.

3. Das Wetter wurde immer schlechter und der Regen der gar nicht mehr aufhören wollte fiel immer dichter.

4. Die allgemeine wirtschaftliche Lage gibt weder Anlass zur Besorgnis noch zur Euphorie.

5. Es geschieht nicht selten dass solche Dinge passieren und dass wir sie einvernehmlich regeln.

6. Julia Mertens aus Augsburg Julian-Quent-Allee 7 geb. Gartmann hat dieses Schreiben am Mittwoch dem 18. Februar 20.. um 17.00 Uhr bei der Post aufgegeben.

7. Sie diskutierten und verhandelten aber einigten sich schließlich nach eingehender Beratung.

8. Was ich mit dieser Antwort die Sie mir gegeben haben anfangen soll ist mir rätselhaft.

9. Ich erwarte mir davon Ihnen gegenüber stets aufrichtig gewesen zu sein ein wenig mehr Anerkennung.

10. Resultiert Ihr Vorwurf daraus dass es Ihrer Meinung nach meine Aufgabe gewesen wäre Sie zu informieren?

11. Der Mann der mich gestern anrief und um Auskunft bat wirkte sehr wütend und knallte den Hörer auf mich laut beschimpfend.

12. Ungeachtet seiner Bitte ihm zu helfen hielt es niemand für nötig einen Arzt zu rufen.

13. Nicht sie wie du behauptest ist für den Fehler verantwortlich sondern du obwohl du so tust als ob du kein Wässerchen trüben könntest und den Empörten spielst.

14. Wer will denn allen Ernstes behaupten dass wir und damit meine ich wirklich uns alle mit dem was sich dort zugetragen hat nichts zu tun haben?

15. Weder seitens der Abteilung noch der Unternehmensführung fühlt sich jemand dafür verantwortlich Stellung zu den Vorfällen zu beziehen so schwerwiegend die Folgen auch sein mochten.

16. Bei dem Vorhaben einwandfreie Bewerbungsunterlagen zu erstellen verbrauchte sie viel Papier weil der Drucker nicht einwandfrei funktionierte.

17. Er hatte nicht daran gedacht das Binden eines Krawattenknotens zu üben obwohl seine Mutter ihn ständig dazu ermahnt hatte.

18. Den Plan sich bei dem ortsansässigen mittelständischen Unternehmen zu bewerben hatte sie schon länger gefasst.

19. Gerne schicke ich Ihnen wenn gewünscht meine Bewerbungsunterlagen auch in Form einer E-Mail-Bewerbung zu.

20. Anstatt dafür zu sorgen rechtzeitig zum Bewerbungsgespräch zu erscheinen kam sie zu spät und hatte sämtliche Unterlagen vergessen.

Zum Vergleich Ihrer Leistungen können Sie einen Bewertungsschlüssel festlegen, z. B.: 37–30 ☺. → J, 29–19 😐. → K, 18–0 ☹.
Für jede richtige Lösung gibt es einen Punkt, für jede falsche Lösung wird ein Punkt abgezogen.